U0367975

献给渴望「自主」的每一个人

中产新优增
全流程

吕一丁 著

化学工业出版社
·北京·

内容简介

本书是《顾问式优增》的姊妹篇，侧重整个优增的操作流程。

本书总结了作者在保险业18年的团队管理和教练经验，并结合最近几年保险行业的发展形势，归纳出了一套适合现阶段保险市场的组织发展模式。

从寻找哪些准增员族群（找对人），遵循什么样的流程（做对事），到按照什么样的逻辑进行面谈（说对话），通过增员中每个关键步骤的解析与呈现，帮助读者建立一个可持续发展的增员体系。

本书中既有针对行业形势的分析，又有每个具体工作环节的实操建议，是一本指导寿险营销团队组织发展的操作指导手册。

图书在版编目（CIP）数据

中产新优增全流程／吕一丁著. —北京：化学工业出版社，2021.9（2024.1重印）
ISBN 978-7-122-39305-0

Ⅰ.①中… Ⅱ.①吕… Ⅲ.①人寿保险-销售管理 Ⅳ.①F840.622

中国版本图书馆CIP数据核字（2021）第106723号

责任编辑：罗　琨　　　　　　　　装帧设计：水玉银文化
责任校对：李雨晴

出版发行：化学工业出版社（北京市东城区青年湖南街13号　邮政编码100011）
印　　装：盛大（天津）印刷有限公司
880mm×1230mm　1/32　印张7　字数124千字
2024年1月北京第1版 第2次印刷

购书咨询：010-64518888　　　　售后服务：010-64518899
网　　址：http://www.cip.com.cn
凡购买本书，如有缺损质量问题，本社销售中心负责调换。

定　　价：68.00元　　　　　　　　　　　版权所有　违者必究

优增是组织发展的方向

增员和推销是寿险工作的一体两面。

推销是让客户自己很想买，不是一直推着客户买；

增员是让对方自己想明白才从事保险行业，不是一直拉着对方来做。

很多人说，保险业的人员流动率很大，其实应该说，保险业人员的淘汰率很高。

其主要原因有二：

一是增员者，只做增员，不做选才；

二是被增员者，没想明白，就被"拉"进来做保险。

所以，保险业人员的淘汰率不高才怪。

目前全国主体保险公司有上百家，若再加上中介机构和银保渠道等，全国营销队伍人数已经超过一千万人。

我们发现一个事实，那些较早实施优增策略的公司，各项经营指标都稳健良好，企业绩效和利润都稳定增长。

反之，那些粗放式经营的公司，年复一年人员大进大出，各种管理问题层出不穷，耗费了公司大量的人力、物力与财力。

因此，现在有越来越多的寿险管理者已经意识到，优增才是公司长久稳健发展与经营的关键根源之一。

保险业的营销员（代理人）制度，从 1992 年由友邦保险公司引进到我国，到目前为止，仍是各家保险公司业绩的主营渠道。因此，增员始终是各公司重中之重的工作。

然而，随着市场的变化与需求，组织发展的趋势也逐渐从"人口红利"向"人才红利"转变。

因为，随着我国改革开放的成功和扶贫攻坚战的胜利，目前市场上已经出现了五百万以上的高净值人士，更有超过三亿的中产客户。

为了更好地满足这群中高阶层客户在风险管理、养老规划与财富传承方面的需求，寿险公司就势必在增员招聘上，找到更多能匹配这群中高端客户素质水平与专业需求的人才。

所以从这个角度来看，"优增"也必然会成为各公司招聘人才的主旋律。

我服务该行业二十余年，在传承和培养寿险业人才时，一直秉承着"坐下能写、站起来能讲、出去能带兵打仗"的标准。

一丁老师正是符合这种高水平要求的良才。她为人虽然谦逊低调，但在工作中却干练果断。更难能可贵的是，她愿意无私地分享自己的宝贵经验与心得，乐于传承保险的正统理念，为这个行业的可持续发展做出了贡献。

关于这本新书，你可以轻松地发现很多让你产生共鸣的地方，你也能开心地找到"可复制、可操作"的实用内容。

一丁老师结合自己在一线的实践经验，直接点出了许多人在增员过程中步履维艰的关键盲点，并提供给读者行之有效的因应之道。因为这些精华，这本书是一本含金量极高的指导手册。

做好"优增"肯定有挑战。

首先，必须牢记三个字：够得着！

就是不要让自己陷入误区，用大把的时间去增员那些和自己圈层差别太大的人。这是很多人优增不容易成功的主因之一。

其次，增员还必须依循"推力、拉力、阻力"三个步骤，前后顺序绝对不可乱。

关于这些步骤和流程，一丁老师在书里都有详细的交代，请各位读者仔细地阅读，在此，我就不再多做说明。

人寿保险行业是一个有尊严、有价值、有意义的行业。希望各位读者能借助一丁老师这本书上的经验传承与分享内容，到市场上挖掘出更多优秀的好人才。

　　当更多的志同道合人才，跟随你一起投入到人寿保险这个行业，相信通过你们的努力和付出，一定能够帮助到千千万万的百姓，使其拥有更多的风险保障，更好的养老规划以及更周全的财富管理。

　　我们的社会也会因为你们的付出，变得更和谐，更稳定，更富强！

前友邦保险、中宏保险副总裁
北京南山智达咨询顾问公司常务董事、首席教练

通过阅读，成人达己

一丁是我的晚辈小友。

若干年前，我们一起去机场，一路相谈甚欢。

她对于家庭教育、对于女性职业发展的很多观点，都深得我心。

不愧是我们中国人民大学培养出来的学生。

前段时间，她告诉我要再写一本书，这是她出版的第三本书。

作为两个男孩的母亲，在肩负着养育责任的同时，还能著书立作，开拓自己的事业，这本身就很有挑战。值得恭喜和鼓励。

而从出版的角度来看，在这个数字化的时代，写作并出版一本纸质书，也是一件特别有意义的事情。

数字媒体改变了人们获取信息的途径和阅读的习惯。

但为什么我们依然要出版书籍，特别是要出版纸质书籍呢？

首先，纸质书提供了更高质量、更系统的内容。

移动互联网给了每个人发表观点的机会，但也拉低了内容输出的准入门槛。

而出版这个形式本身就确保了内容的质量。

一个作者要完成一本书的写作，必然要把自己的观点更加有体系地呈现出来，用严谨的论据来论证自己的思想，用反复的打磨萃取自己的文字。

专业的出版社也会有严格的内容审核流程，从主题选材到内容框架，从文字排版到设计装帧，层层把关，确保呈现给读者的是优质的内容。

其次，纸质书能带来更深入的学习。

数字化媒体时代，越来越流行"浅阅读"。让人们可以在较短的时间内快速获取信息，获得视觉快感和心理上的满足感。但这种快速的、碎片化的信息输入方式，也因为缺少沉淀和整理，往往获得的是信息片段的堆积。

而真正能够给人带来内在成长的，往往来自"深阅读"。

深入的阅读是读者与作者之间的隔空对话，是观点的交流与共鸣。

在深入阅读中，一个人的觉察与反思、归纳与思考，是拓展认知、升华思想的旅程。

在这个旅程中，文字的魅力通过精美的装帧、质感的书页和印刷的墨香，呈现出一种立体的美感。它所带给人的内心平静，是更高层次的精神享受。

最后，纸质书始终是传承与记录的基本载体。

且不说在人类过往的历史上，实物书籍对文化传承的伟大贡献。

即使在今天这个移动互联网时代，纸质书籍依然有它的不可替代性。

数字化带来了海量的信息和快速的更迭，电子信息在被快速保存的同时，也被快速地堙没。

而纸质书恰恰因为它不那么便携，不那么快捷，不那么海量，更有可能被保留下来。

这种实物载体的形式，在文化的代际传承中，起到重要的作用。

而具体到每一个个人，你在阅读过程中留下的划线、折痕，翻书的痕迹，都是生命存在感的体现。

那些留在你书柜里的书籍，每一本都记录着生命中的某一段时光。当你翻开那本书的同时，也唤起了那些曾经沉浸在书中的美好记忆。

一丁的这本新书，系统地整理了她过去几年在寿险一线工作中的实践与思考，继承了寿险业前辈的理念，也有她自己在新的市场形势中的探索和发现。既有独立新颖的观点，也有系统完整的框架。

从内容和主题上讲，这是一本值得出版的好书。

在这个快速变化的时代，保险业传统的经营和销售模式也受到数字化的冲击，面临着深层的、结构性的改变。这个行业需要更多像一丁这样的实践者和思考者，在变革中摸索更适合这种新形势的经营发展模式。让商业保险更好地服务民众，成为社会经济的稳定器。

这本书在寿险组织发展方面的建议，对于寿险业从原来的粗放式管理，向专业化、精细化管理转型，有着积极的意义。

英国作家约翰·弥尔顿曾说，一本好书是"卓越思想者宝贵的生命之源，超越生命本身，值得永久保存并珍藏"。

　　愿你在一丁温暖流畅的文字中，收获新知与方法的同时，也享受到阅读之美。

　　愿你通过学习，成人达己。

中国人民大学汉青经济与金融高级研究院原执行院长

知名教育家、出版家

为什么优增一定要有体系？

我们需要被抱持，不至摔落在地；

我们需要来自他人的支持和鼓励；

我们需要他人是可靠的依恋对象，当我们处于困境中时，他们会"在那里"等我们……

——朱瑟琳·乔赛尔森

《我和你：人际关系的解析》

2018年下半年，当我开始写第一本关于优增的书籍时，保险行业内部做优增的机构和团队并不多。那个时期给这些机构做的优增训练，主要是处理一线伙伴在优增面谈中的具体案例，提高大家在增员面谈中问、听、答的技能。

所以，当时出版的《顾问式优增》是一本以对话方式呈现的增员面谈案例集。

面谈技能虽然很重要，但这只是整个增员体系中的一部分。

真正让我意识到，有效的增员体系比面谈技术更重要，并且在保险市场上那么稀缺的是2020年上半年的疫情。

这场突如其来的疫情给整个社会按下了暂停键。最严重的几个月，大家隔离在家不能见面，保险业传统的展业方式受到巨大的冲击。

那段时间，我每天在家给不同的团队总监打电话，了解大家现在遇到什么困难；给团队做线上晨会、直播答疑，和大家一起摸索如何在线上寻找发展的机会。

整个行业的保单销售在那几个月都面临很大挑战，但各个机构的人力均有明显的增长。有的总监团队甚至在一两个月中人力增长了几千人。

线上增员像是一场数字的狂欢。只有潮水退去，才能看到底层沙滩上到底留下什么。

当疫情基本得到控制，社会大众的工作和生活日趋正常以后，真实的增员结果也完全地暴露出来了。

那些按照传统方式做增员的机构，也就是用"创说会＋增员方案"的方式做增员的机构，大都经历了人力数字的大起大落。这些在线上增加的人力，在疫情平稳后，又重新回到线下自己原有的工作岗位中。

但我也观察到，我长期合作的很多团队，他们的人力有了实实在在的增长。虽然增长的比例没有那么大，但即使疫情结束，也一直在持续稳定地发生。并且，这些团队大都没有阶段性的增员激励方案。

为什么在同样的时间段，都是开线上的创说会，会有如此不同的结果？

答案就源自增员体系。

那些实现有效人力增长的团队，并不仅仅做了创说会，在创说会之前、之后，还有其他一系列的环节。疫情期间，这些环节本质上并没有改变，只是形式从线下变成了线上。

正是这样一个循环往复的增员体系，实现了

增员的常态化，进而造就出一个个优质且稳步扩大的团队。

这让我意识到，对于很多没有做过优增的团队，要帮助他们从传统增员转变为优增模式，首先要搭建的就是这个优增体系。

疫情平稳之后，越来越多的机构和团队都开始发现，传统的增员模式不再适应新的行业环境，也陆续有更多不同城市、不同类型的机构来找我讲优增。

从每一次教练课的训前调研中，每次课堂现场的对话和训练中，我都能看到小伙伴们对于新知渴望的眼神，也能感觉到在过往粗放式增员项目中，大家承受的疲惫和困惑。

有人说，我的客户资源枯竭了，没人可增；

有人说，增员活动太难邀约了，总是被放鸽子；

有人说，我花了很多钱做活动，花费很多时间，也没什么效果，做增员真不如做销售合适；

有人说，我好不容易增来几个不错的人，最

后都留不下来。

这些教练课上大家提出的困难，如果单就问题本身来解决问题，只是治标不治本。要想从根本上解决这些问题，就要以团队为单位，搭建一个可持续的增员体系。

哪怕你的团队现在还很小，只有几个人，也可以构建一个优增的小生态。

而当一个机构有越来越多的团队都能搭建起这样的增员体系时，就会形成一个适合优增的大气候，进而培养出一只适应当今保险市场的优质队伍。

于是我决定把这个增员体系整理出来分享给更多的小伙伴。

这是一本帮助你搭建团队优增体系的操作手册。

既总结了我在北京长期教练的一些团队的优增模式，也结合了过去几年我在全国其他城市，根据不同地区、不同类型机构的具体情况进行调整后的建议。

既有关于个人增员的方法和步骤，也包括带领团队做优增的具体建议。

这是一个关于优增的完整流程。

如果你是 90 后、甚至 00 后的小伙伴，期待这本书能够激发你更多的创造力，让你在这个自由的行业里，活成你想要的样子，进而改变这个行业的未来。

如果你是 70 后或者 80 后，是在家庭中承上启下的一代人，因为承载着责任和压力，所以有更多的焦虑和困惑。也许这本书能从某些角度帮你解释一些困惑，缓解一些焦虑，帮你找到向上的通路，实现个人和家庭的跃迁。

如果您是 60 后，或者更年长的前辈，那么再次对您表示敬意。不仅因为您是开创行业辉煌局面的一代人，更因为您始终保持开放的心态，始终在学习和了解新事物，始终保持着少年的状态。

这个多变的时代，唯一不变的是变化本身。保险行业亦然。

也许若干年后，我们再回头看现在的保险市场，会发现，这几年市场上发生了很多变化是因为从根本上改变了这个行业的底层逻辑。

优增，正是我们顺应行业改变的必然选择。

虽然改变会让人产生或多或少的痛苦和焦虑感，但勇敢的人总是会拥抱变化，抓住机会并从中受益。

当你打开这本书的时候，改变就已经在悄悄地发生。

愿和你携手同行。

第一章　优增新知

究竟什么是优增？

"优增"这个概念，最近几年在保险行业内非常火热。

不同地区、不同城市、不同业务团队，大家都很向往优增，都想去增加那些特别优秀的人。

但是在市场的最前线，我也常常听到小伙伴们反馈说：

普通增员已经很难了，更别说优增了；

面对那些工作背景特别好的、学历特别高的人，或者是企业老板，我没有底气；

人家工作那么好，收入那么高，怎么会来做保险呢？

这是非常真实的困难。

比如，一个平均月收入一两万的保险从业者，面对收入比自己低的人，就能理直气壮地"拉"对方来做保险，传统的增员大都是发生在这种场景下。

面对和自己收入相近的人，也可以尝试增员，用保险这个工作其他方面的优势来吸引对方。

但如果面对的是一个比自己收入高很多的人，比如年薪百万以上的，这个时候去劝说对方放弃自己现有的高薪工作，来做保险，确实很难实现。

所以，在这本书的最开始，我们先来明确定义一下，可实现的优增究竟是增什么人。

优增不是一上来就增员那些高学历的海归、博士、硕士，或者高管、律师、企业主，而是去增员比自己优秀一点点的城市中产者。

这个定义中，有两个关键点。

第一，优增的对象，一定是来自你所在城市的中产收入人群；

第二，这个增员对象，是在某个方面比你优秀，但是这种差距并不是特别大，不影响你与对方之间的有效交流。

把握住这两个关键点，就锁定了优增目标的大方向。

在本书的第一章，我会和大家详细讨论，在现在这个时代，基于最新的市场形势，我们为什么要增员城市中产当中比自己优秀一点点的人。并且在第二章"找对人"的部分，去更具体地列出精准的目标族群。

如果说这些优秀的人像一颗颗有生命力的种子的话，那么这些种子要在保险行业生根发芽，开花结果，就需要有肥沃的土壤，也就是说要想实现团队可持续地优增，就需要一个循环往复的优增体系。这就是本书第三章"做对事"部分最终向你呈现的内容。

而在这个优增体系中，要实现有效的沟通，各个环节中都要始终围绕准增员或者组员自己内在的动力展开，激发他们的内驱力。这个过程中该如何有效地找动力、强化动力，化解异议，正是本书第四章"说对话"部分要讨论的内容。

"找对人、做对事、说对话"，是 2003 年我刚进入保险行业时，行业中的前辈老师教给我的。这么多年过去了，我发现这9 个字不仅适用于保险的销售和增员工作，甚至可以应用在生活和工作的各个方面。即使现在市场发生了如此巨大的变化，依然可以按照这个 9 字箴言去寻找应变的方法。

用这 9 个字作为本书的线索大纲，既是向前辈老师们致敬，也期待它能给更多人带来指引和帮助。

为什么是城市中产

> 现代人的焦虑和绝望有两个主要来源，首先是他丧
> 失了他的存在感，其次是他丧失了他的世界。
> 因此，现代人感觉到与自然的疏远，感觉到每一种
> 意识都是孤零零的、单独的，绝不是偶然。
>
> ——罗洛·梅《存在之发现》

我们把有效优增的对象定义为比自己优秀一点点的城市中产者。

为什么是城市中产呢？

有两个方面的原因，一方面是来自保险消费市场的变化，另一方面是来自中产阶层自己的职业需求。

先来看保险消费市场的变化。

如果你在这个行业从业五年以上，你一定会明显地感觉到，

这些年主动咨询保险的人越来越多了。也就是说，社会大众对于保险的认知越来越成熟，需求也越来越突出。

出现这一现象，不仅仅是因为近年来重大疾病发病率的提高趋势。

如果我们把思考的视角放在更宏大的社会经济结构的变化上，就能够更深刻地解释这一现象，并且能看到未来更长远的趋势。

过去20年，在我国的东部地区，是快速城市化的20年，大量农村人口涌进城镇，三四线城市的人口流向一二线城市。而在中西部地区，通过国家的扶贫攻坚战，很多贫困地区完成脱贫，很多地区也开始城市化的进程。

2019年，我国第一次实现人均GDP 1万美元，这是世界经济发展史上的伟大壮举，把全世界人均GDP 1万美元以上的人口，从原来的不到14亿，成功翻了1番。

2020年，我国的人均GDP继续保持人均1万美元以上。

2021年2月，中共中央召开扶贫攻坚表彰大会，习近平总书记庄严地宣布，我国的扶贫攻坚取得了全面的胜利。

这一系列振奋人心的消息都在表明，随着贫困人口的减少，随着城市化进程的推进，一个庞大稳定的中产阶层正在形成。

中产阶层会有明确的保险需求，这是由中产阶层的财富特点决定的。

这个财富特点，通俗地讲，就是"有，但不够多"。

"有"，是相对一二十年前，人们的物质生活水平有了大幅度的提高，大多数中产家庭有房、有车、有代表中产生活品质的诸多消费品。

正所谓，由俭入奢易，由奢入俭难。当人拥有了一些东西后，就会特别害怕失去。

而正因为"有，但不够多"，在这个不确定的时代，对于中产而言，"失去"似乎就是一件很容易发生的事情。

我不确定我的收入是否能一直增长，会不会因为各种外部因素导致收入下降，甚至中断；

我不确定我的积蓄是否足以应对一场重大疾病；

我更不确定打拼几十年积累下的财富，在抚养孩子长大成家之后，剩余的钱够不够让自己过一个相对体面的漫长晚年。

"有，但不够多"，害怕失去，这些构成了中产焦虑的根源。

当社会基本的保障制度不足以缓解中产阶层对于教育、医疗和养老的焦虑情绪时，购买商业保险就成了一种必然的选择。

按照我国政府目前的规划，我国将在 2035 年实现人均 GDP 2 万美元以上。在这个过程中，中产阶层的人数还会进一步扩大，人均财富还会进一步提升。这意味着在保险行业，客户主动呈现出的保险需求还会越来越多。

所以，在接下来的十年，甚至更长的时间，保险行业的主要服务群体，就是城市中产。

更具体的，就是 70 后、80 后、90 后在城市工作生活、受过高等教育的人群。

如果拿十年前的保险市场和现在对比，我们就会发现，这些中产客户群体，和十年前的客户群体相比，无论是消费心理，还是行为模式都有很大的不同。

本书用四个关键词来概括：线上化、边界感、圈层化和自主意识。

只有了解了他们的行为特点，才能更好地为他们提供服务。

在本小节我们先来看线上化。

想想看，你有多久没有用到或者见到现金了？

移动支付对现金交易的全面替代，就是线上化在我们生活中的一个缩影。移动互联网改变了我们的生活和工作的方方面面，无论是学习、工作还是社交、服务，线上迁移成为不可逆转的趋势，2020年的疫情只是加速了这个进程。

互联网带来的便捷，会让人产生依赖。能线上解决的问题，就不用见面解决，已成为都市人的习惯。

于是，我们看到在保险市场上，越来越多的中产客户喜欢在网上搜索保险知识、比较产品信息，在网上寻找保险销售的端口，在线沟通保险方案，并最终完成购买。

客户购买习惯的变化，推动保险业的拓客和销售方式也在向线上化转移。

但是，线上化是一个门槛。

学习能力决定了一个人是否能够快速掌握线上化的方式，并不断跟上变化。而学习能力往往是由年龄、文化素质，甚至所处的阶层决定的。

因此，当线上工作日益成为保险工作的一部分时，增员那些受过良好教育、具备一定学习能力的城市中产就成为必然。

线上化的另外一个结果是，它会带来市场分化。

互联网保险产品因为价格便宜，给传统的保险销售带来一定程度的冲击。很多小伙伴常常苦恼于，自己辛辛苦苦谈了半天的客户，最后却从网上买了保险。

但是，这个市场上并非所有的客户都喜欢从网上买保险。

收入越低的人，对价格越敏感，也越愿意花费时间去大量地比较，并牺牲服务品质和个人隐私，换来更低的价格。

而收入越高的人，对价格越不敏感，更在意的是定制服务、隐私保护，并愿意依赖信任的购买渠道，以节省选择的时间。

所以，保险市场正在日渐分化为，中低收入的客户购买价格较低、产品简单、服务很少的互联网保险产品，而中等收入及以上的客户和家庭，他们所需要的、定制化的、风险管理和财富管理服务则由代理人和经纪人提供。

看到这个趋势，相信你一定清楚了你和你的团队未来的客户市场定位，那就是服务中等收入以上的客户和家庭。

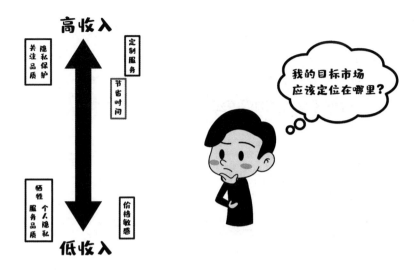

但另一个事实是，只有来自中产的人，才能服务中产以上的客户。

因为，在城市的中产群体中，有边界感和圈层化的存在。

这正是后面两节我们详细讨论的内容。

边界感改变了沟通模式

> 我相信如果我们承认自己的存在是孤独的，并且依
> 然面对孤独，我们就能够真正地爱他人。
>
> ——欧文·亚隆《存在主义心理治疗》

中产阶层一个明显的行为特点就是边界感更强。

可能在 20 年前，我们的社会词汇中很少出现"边界感"这个词，因为那个时代的人们确实没有什么边界感。

去朋友家、亲戚家串门，不需要提前打招呼、不需要预约。直接登门拜访，不会有人觉得有什么不妥。亲戚邻居之间，彼此也没有太多隐私。家里有什么大事小情，往往街坊邻居都知道。

但随着家庭财富的增加和个人受教育程度的提高，个人的边界感就会越来越强。它包括物理空间上的边界，也包括人的

心理边界。

在现代的城市社交中，如果不预约就直接去别人家里，会被认为是非常失礼的行为。甚至对于很多人来说，如果别人不提前发微信打个招呼，就直接打电话，都会觉得自己被打扰。

春节回家被亲戚催婚、催生孩子，这些之所以会成为典型的话题，就是因为这一代年轻人更看重自己的边界。结婚、生孩子这都是我自己的事情，你来管我，就是侵犯到了我的边界。

边界感变得更强这个特点，表现在各个行业的销售过程中，有一个共同的现象，那就是中产客户天然地反感推销。很多人接到陌生电话，一听是推销电话，往往就直接挂断。

因为，在需求还没有出现的时候，很多人会把来自他人的推销行为，解读为他人对自我心理边界的侵犯，是一种攻击性行为。

而对于攻击，人的本能反应就是防御。

"攻击－防御"，这是人本能而原始的行为模式，它来自人的动物本能。

我们的祖先中，那些能够快速识别环境中的各种危险，不被天敌吃掉的人，在漫长的自然选择中胜出，并把这个保证安全的基本模式用基因形式传递下来，根植在大脑的最深层。

虽然现代人早已没有了被吃掉的危险，但对攻击依然保持着天然的敏感。只要是觉得自己被攻击，就会习惯性地启动防御模式。

生活中对攻击的防御行为经常会以不同的形式出现：

对批评或者质疑，第一时间去解释、反驳或者怼回去；

屏蔽微商轰炸式的朋友圈；

对于有些微信，不回复、假装没看见。

而在保险的销售过程中，当客户没有需求，或者还没有找到需求之前，直接推销产品，客户的反驳、辩论、托词、借口，或者顾左右而言他，也都是在防御。

当人与人的关系处于"攻击－防御"模式中时，就很难在沟通中达成一致性的沟通结果。

这是大多数销售和增员面谈没有效果的原因。

只有在安全的关系中，当一个人卸下自己的防御，愿意打开自己，坦诚地表达自己的观点和感受时，双方的沟通才能达成一致，面谈才会有效。

了解了中产客户这个行为特点之后，我们就知道，对于中产客户不能采用简单粗暴的产品推销方式，而应该采用客户更喜欢的、需求导向的顾问式销售方式。

也就是在和客户的接触过程中，先要去寻找和激发客户的需求。当需求缺口出现的时候，产品再以一种解决方案的形式出现。

这种沟通方式，不仅对于从业者的沟通能力和学习能力有更高的要求，并且还要对中产客户有更深入的了解。

只有来自中产的从业者，才能更好地理解中产家庭的焦虑和渴望，更精准地把握客户的心理需求和财务需求。

边界感是一种很难清晰界定的心理感受，是人与人交往过程中的一种分寸感。我们很难确切地说，一个人的个人边界究竟在哪儿。不同年龄段、不同文化层次、不同收入层次的人，在不同的人际场景中，都会有不一样的边界感。

只有来自中产的从业者，才能更好地理解中产客户的边界感，把握和客户互动过程中边界的分寸，用客户喜欢的方式拉近与客户的距离，进而更好地服务客户。

在分化的焦虑中寻找机会

人类的自由包含着我们在刺激和反应之间暂停一下的能力。

而且，在这个暂停过程中，可以选择一种我们希望施加我们影响的反应。

——罗洛·梅《创造的勇气》

中产崛起的推动力来自整个社会财富的增长。但在这个过程中，社会财富并不是完全平均分配的，于是圈层分化就日益在整个中产阶层的内部发生。

生活中我们可能会发现，不同年龄段的人会有不同的价值导向，进而表现出不同的消费倾向，甚至产生不同的语言体系。00后、90后的很多行为会让老一辈看不惯，他们的很多用词会让60后、70后，甚至80后都不知所云。

这是年龄和文化带来的圈层化。

除了上述原因的圈层化，这一部分重点谈的是，人们因为职业背景、收入不同，而导致的对于物质消费和生活品质的不同态度。这种原因形成的圈层化，对于保险行业的影响更大。

之所以出现这种圈层的分化，本质上还是因为个人财富的增加。

当人的财富可以充分满足温饱，并且还有大量剩余的时候，人对于消费的追求就会更多地体现在一些非刚性的需求上，也就是对于品质的追求。

对生活品质的追求，一方面是为了悦己，另一方面也是为了通过物质消费的区别，来体现自己在人群中的位置。

人作为一种群居动物，明确自己在群体中的相对位置，是一种普遍的心理需求。

圈层分化正是这种心理需求的体现。

但在这个分化的过程中，圈层间的壁垒也逐渐形成。月收入几千的人群，和年薪百万以上的人群，在消费的各个方面都有截然不同的认知和理念，以致这两个群体可能在很多事情上完全无法沟通。

十几年前的保险行业里，我们经常会听到或者看到这样的励志故事：一个农村来的年轻人，或者一个一穷二白的应届毕业生，通过陌生拜访，凭借自己的才能敲开某个高端客户的大门，用真诚打动对方，成功签单。

但在当今这样一个圈层日益分化的社会中，这种故事发生的可能性正在变得越来越小。

现在的社会环境中，如果还是这样一个毫无资源积累的年轻人，就算机缘巧合能够见到个别客户，也会因为不理解对方的工作和生活状态，完全进入不了对方的沟通频道，导致无法成交。因为两者所处的圈层或者阶层跨越太大，有着完全不同的消费观和看问题的视角。

圈层分化，是我们这一代人不得不面对的现实。

在这个大背景下，每个人努力工作，似乎都是为了缓解面对分化的焦虑：让自己保持或者上升到更高的圈层，避免跌落下去。

但如果我们能暂时放下对于分化的焦虑，了解分化背后的原因，我们的保险工作就能从中找到新的思路和机会。

先来看市场开发的思路。

来自同一圈层的人，因为对这个圈层的消费习惯和生活状态有更深入的了解，就能更好地服务这一圈层的客户。

因此，在开发客户市场的过程中，可以使用一种策略，叫作"用社交来破圈，用优增来播种"。

比如，程序员这个客户群体，对很多非程序员出身的、相对感性的保险业从业者来说，常常会觉得这类客户特别理性、逻辑严谨、关注细节，他们提出的很多问题都角度清奇、难以理解。因为于大多数保险业从业者来说，程序员就是另外一个相对隔离的圈层。

然而，并不是所有的程序员都一模一样，即使同一个程序员，在生活的不同场景中，也会呈现出不同的一面。如果你能够在社交生活中，接触到某个相对容易沟通的程序员，或者是相对容易沟通的那一面，彼此找到共同的话题，达到某个方面的彼此认同，这就实现了"破圈"。

进一步地，如果你增员这个程序员，把他变成你保险事业的合伙人，他就会像一颗你播撒在程序员这个客户市场的种子，他会用更适合这个群体的语言和其他的客户沟通，并且深入开发这个市场。

类似地，高净值客户市场也是一样。

　　高净值客户市场一直是大家非常向往的方向。很多小伙伴本身不是来自这个圈层，通常会通过参加商学院或某些学习性群体结识更高圈层的同学；或者通过参与一些高级社交活动，认识几个处于这个圈层的人。

　　但你会发现，这两种方法，虽然能打开这个圈层的某个缺口，也就是能实现一定程度的"破圈"，但是却很难进一步深入开发。

　　因为我们前面说过，边界感是随着人的收入、地位、学识的增加，而不断加强的。所以在高净值客户这个市场中，我们常常会发现，转介绍很难为继，往往转介绍到第二层，关系就非常弱了。

　　但如果你能够在这个群体中，增员到一个合适的人，比如商学院的某位同学，那么他作为这个圈层中的一员，对这个市场的服务和开发就会更加有深度和广度。

　　更重要的是，当他从你的客户变成你的保险合伙人，和你的连接更紧密，你就有更多机会深入了解这个群体，从而更好地服务这个群体。通过服务这个群体，提高你的件均保费和个人收入，最终进入这个群体。

　　所以，从这个角度讲，有目标、有方向地优增，其实是在为你的保险企业的市场开发做整体布局。

但是，圈层之间毕竟是有壁垒的。

我们能够实现的"破圈"，是发生在我们能够接触到的、相近的圈层。很难实现大幅度、跨越式的圈层突破。这就给了我们一个关于团队布局的具体方向，就是增员比自己"优秀一点点"的人。

这正是下面的内容。

增员比自己优秀一点点的人

人类实际上是社会性的动物，无论在生理和心理上都与他人相依共存；

因此自卑感只能透过不断地肯定和增进社会的联结，才能建设性地克服。

——罗洛·梅《焦虑的意义》

增员比自己优秀一点点的人，这不仅是对于个人优增的建议，也是打造多元化营销团队的布局方向。

"优秀"本身是个很抽象、很模糊的定义，如果更具体地讲，是哪些方面的优秀呢?

我们这里给大家几个角度，供思考。

第一个角度，是增员比自己收入高一点点的。

比如说，一个月收入一万元左右的保险从业者，很难去增员一个年薪百万的人，这两个人因为收入的差异，对生活和工作的理解和追求，可能有很大的不同。

但一个月收入万元左右的从业者，去跟一个月收入两三万元的人去谈职业规划，就是可以实现的，因为这两个人对于工作和生活的未来，能够看到的高度是比较接近的。

这个过程就是向上优增一点点。

而一旦一个月收入两三万元的人，成为你的保险合伙人，他可以接触到月收入三五万元的人，并且实现有效增员。那么月收入三五万元的人，就可以增员年薪80～100万元的人；年薪80～100万元的人，就可以去增员年薪百万以上的高级职业经理人，或者是企业主。

在这个逐渐递进的过程中，优增就像一个阶梯，它在一阶一阶地改良团队基因。而从个人的发展角度，随着团队成员来自越来越高的收入阶层，作为团队主管本人的收入也会稳步提高，进而也实现了自己和家庭的阶层跃迁。

第二个角度，增员比自己年轻一点点的，或者年长一点点的。

要保持团队的活力和生命力，团队成员年轻化是一个必然的方向。

但如果你是一个 60 后或者 70 后的团队长，也许你会发现，有时跟 90 后或者 00 后沟通，会有一种找不到重点的感觉，甚至他们说的某些词汇你都听不懂。

因为你们中间有接近一代人的年龄差距，这个差距带来的是巨大的文化和价值观差异。

要解决这种因为年龄差异带来的沟通障碍，最有效的办法，就是增员比自己年轻一点点的。通常来说，3 ～ 5 岁的年龄差异，是非常容易跨越的。你可以增员比自己年轻三五岁的，然后让比自己年轻三五岁的团队成员再增员比他年轻三五岁的。以此类推，这就搭建了一个团队年轻化的阶梯。

而通过这种方式建立起来的团队，团队成员包含了丰富的年龄跨度，团队会更加多元化，生命力更强，在市场上的辐射力也更广。

这个与年龄相关的优增阶梯，反过来也是成立的。

如果你是一个 90 后的保险创业者，吸引同样是 90 后的团队成员，是件相对容易的事情。但如果团队成员都比较年轻，去服务资产状况良好的中年客户，可能会因为生活阅历积累不足而有些吃力。

所以在组织发展的过程中，有意识地增员比自己年长三五岁的人，再让这些比自己年长三五岁的人，去增员比他们再年长一点点的人。通过搭建一个向上的年龄阶梯，让团队成员的年龄构成趋于成熟化。

第三个角度，从职业发展阶段、行业背景等多方面考量，搭建不同的优增阶梯。

曾经有位主管在教练课上提出自己的一个困惑，说为什么每次跟那些企业高管沟通的时候都会心里发虚，虽然觉得对方很出色，很想增员对方，但在交流的过程中，完全不能把控面谈方向。

这位主管 30 岁，之前的职业背景中，最高的职位是一个五六人的小团队的领头人（Team Leader）。属于职场序列中的初级管理者。

有限的职场经历，让他在面对那些职场阅历丰富、位高权重的高管时，明显底气不足。

企业高管当然是非常好的优增对象，但对于这位主管当下所处的阶段，这一类人却并不合适。对于他来说，更适合的优增对象，是比自己稍微大几岁、管理幅度大一点点的中级管理者。当这些曾经是中级管理者的团队成员来到保险行业之后，他们就可以增员比自己管理幅度更大一点、级别更高一点的管理者。逐渐递进，最终达到企业高管这个圈层。

行业背景也是一样的。

曾经有一个教练课上的主管，她原来是全职妈妈，转型做保险后，就增员了同小区另外两个全职妈妈一起来做保险。这两个妈妈，又进一步增员了几个同小区的妈妈。很快，他们团队就有了七八个人，而且都是来自同一个小区的妈妈。

但紧接着问题就来了。这些团队成员的客户市场有着高度的重合度，彼此之间难免有竞争，无论是销售还是增员，都遇到了发展的瓶颈。

这个小团队要实现进一步的发展，就需要在增员的方向上，有意识地选择和自己背景有差异的准增员。

比如全职妈妈，可以从孩子的社交圈中去找某个职场妈妈作为突破口，这就把团队可以服务的市场，延伸到某个具体行业了。

在某个行业内部去增员也是一样的。

除了增员这个行业的人之外，更要有意识地通过其他社交渠道，接触并增员其他行业的人。

比如，有一位主管以前是银行的理财经理，她在保险行业中成功转型后，就增员了很多她以前的同事，构建了一支银行业背景的团队。但她的组员在继续做组织发展的过程中，就出现了瓶颈，因为原来银行的人，想来做保险的基本上都来了。

突破这个瓶颈的关键，就是要突破银行业这个职业背景的限制，从客户中、从自己其他的社交关系中，寻找别的行业的准增员。

一个团队如果内部成员过于同质化，虽然在沟通上比较容易，但更有可能面临的问题是，大家的目标市场过于重叠，容易产生不良竞争；大家面临的困难过于相似，对于共性的困难往往难以找到特别好的解决方法。

比如，有一些团队大部分成员都是妈妈，这种类型的团队每到寒暑假，团队业绩波动就非常大，因为妈妈们都带孩子度假去了。这样的团队就要有意识地增员一些男性，去平衡因为寒暑假带来的波动。

增员比自己优秀一点点的人，既保持了向上增员的方向，又可按照可实现的步骤，逐步优化发展。作为团队主管，从不同的方面进行这种阶梯式的布局，逐步地改良团队基因，最终能打造一个多元化、有生命力的团队。

职业自主是中产的普遍向往

最常见的使人沮丧的情景是一个人不能根据其选择
或者意愿而成为他自己；
最令人绝望的则是他不得不选择做一个并非自己本身的人。
另一方面，与绝望相反的情景就是一个人能够自由
地真正成为他自己。
而这种自由选择正是人的最高责任。

——卡尔·罗杰斯《人的潜能与价值》

保险消费市场的变化，以及中产客户购买行为线上化、边界感强和圈层化的特点，推动我们把优增的方向最终锁定在增员比自己优秀一点点的城市中产。

而从中产客户自身的职业需求来分析，我们会发现，保险这个工作本身的特点，恰恰能满足中产客户对于职业更深层的需求，那就是"职业自主"。

中产阶层另外一个明显特点，是更强烈的自主意识。

自主意识和边界感是相伴而生的，都是随着人的文化层次、物质生活水平的提升，而变得越来越强。

这种自主意识会体现在生活的方方面面，通俗地讲就是，"我的事情我说了算"。

强烈的自主意识表现在工作领域，就是人们对于工作的需求，除了钱以外，还会追求工作中的自我掌控感：是否可以按照我喜欢的方式进行工作？我是否可以掌控工作的结果？

但是，传统的雇用制下的"打工"却限制了人对于自主需求的实现。

为什么这么说呢？

雇用合同对于劳动者而言，本质上是以约定的单位时间的价格，出卖劳动时间。

劳动时间是劳动者最基本的生产资料，当时间的决定权卖给了雇用者之后，基于工作时间之上的、有关工作的方方面面就变得不再自主了。

因为时间的决定权卖给了企业，所以996、007就成为一种不由自主的状态；

在合同约定的劳动时间内，即使超额完成了工作量，但收入还是按照合同约定的价格支付，于是出现了对收入的不满，也就是收入不自主；

在合同约定的劳动期限内，劳动技能不断提升，劳动价值不断增长，但并不一定能相应地、及时地表现在收入和职级的提升上，因为晋升的决定权也在企业手中，这就出现了晋升不自主。

除此之外，工作的内容、方式、工作中的人际关系，这些都不能由"我"来决定。

在时间不自主这个大前提下，"打工人"要遵循企业的安排，服从企业发展的需要。人变成了被物化的个体，成为实现企业利润的"工具人"，成为企业组织中的一颗螺丝钉。要保证企业组织的效率，组织中每个个体自身的很多需求是被弱化、忽略或者是牺牲的。

一边是人们越来越强烈的自我意识，另一边是打工模式下的不自主，这两者之间的冲突，就形成了现代城市中产对于打工的种种不满。我们会发现一种越来越普遍的社会现象，那就是越来越多的人不喜欢上班了。

70后、80后中，大多数人因为要养家糊口，不会轻易辞职，只能怀揣着对工作的不满，处于某种职业困境中；90后中，很多人没有那么大的经济压力，所以常常出现"干得不高兴就裸辞"的情况；

　　而对于马上要登上职场舞台的00后，如果你去跟他们聊未来的职业方向，你会发现，在他们的认知概念中，毕业后找一份打工的工作，不是天经地义的必选项，而只是一个可选项。

　　如果我们用一个光谱来界定职业的自主状态的话，在这个职业光谱上，一端是"完全不自主"的工作状态，也即传统的打工模式，另一端则是"完全自主"，比如自己创业，或者做自由职业者。

"完全自主"意味着在工作领域内，所有的事情都是由

"我"说了算。

看上去这是一个非常让人向往的状态，但要获得这种完全的自主，要付出的代价却是极少有人能承受的。

首先，完全自主意味着要自己完全承担所有的风险。

只要有成本投入，就要承受成本不能收回的风险；

要自己独立做决策，就得承受决策失败的风险；

要独立面对市场，就得承担商业市场中任何突发的波动，以及相应带来的损失。

所以，从这个角度讲，中小企业就好比汪洋大海中的一叶小舟，在这个波涛汹涌的 VUCA 时代 ①，随时都可能被某个不确定的大浪打翻。在 2020 年突发的疫情之下，受创最严重的就是抗风险能力弱的中小企业。

其次，完全自主意味着要独自对抗人性的弱点。

懒惰、贪婪、傲慢，这些是人性共同的弱点。无论是创业还是从事自由职业，当没有了外部制度的约束，这些人性的弱

——————

① VUCA 是 volatility（易变性），uncertainty（不确定性），complexity（复杂性），ambiguity（模糊性）的缩写。在商业领域，VUCA 时代指当下快速变化的商业环境。

点就需要用强大的自律和足够的智慧来约束。

但要做到这点非常难。

几乎所有的自由职业者，都需要不断地跟自己的拖延和懒散做斗争；很多创业者成功地化解了商业风险，却输给了自己的贪婪和傲慢。

最后，完全自主意味着极大的孤独。

人类作为一种群居动物，在满足了生存需求和安全需求之后，紧随其后的就是社交需求。通过社交，获得归属感，对抗与生俱来的孤独感。

作为一个自由职业者，不再归属于任何组织，如果再不能通过其他的兴趣爱好找到让自己有归属感的社交圈的话，就会面临着孤独带来的心理压力。

而作为创业者或者企业主，虽然有自己的企业组织，但作为这个组织的创立者，恰恰是因为创立者这个角色，把自己从这个组织中一定程度地分离开了。作为老板的压力不能分享给员工，也很难被员工理解。无论是多么成功的创业者，孤独都是不能绕过的功课。

在今天的这个移动互联网时代，移动互联网对商业社会的很多方面都产生了颠覆性的影响，包括企业的组织形态和工作的具体形式。越来越多灵活的、自由的、全新的职业形式将出现，"打工"不再是唯一的职业选择。

这种变化趋势概括来讲，就是企业趋向于平台化，企业作为价值交换的平台，吸引个体或者小团体以合作者的身份，在平台上实现价值转化。比如抖音与直播主播，得到与课程老师，微信公众号与自媒体博主。

这些职业形式都要比打工更自主，比传统的创业和自由职业风险更小，在职业光谱上，它是处于"完全不自主"和"完全自主"之间的一种中间状态。

保险这份工作，同样也是处于这样一个中间状态。而且因为这种工作形态出现得更早，制度相对更完善，更有可能让个人实现职业自主。

相比"完全不自主"的打工状态，保险公司与保险营销员签订的不是雇用合同，而是代理合同，这就决定了这份工作从本质上讲，不是出卖劳动时间，而是价值输出。

因为时间的决定权还是在自己手中，所以，什么时间工作，花多少时间工作，是由自己决定的，这就实现了工作中的时间自主；个人可以通过有效的学习，提升自己的技能，进而提高单位时间的劳动价值，也就是说，收入是可以由自己来决定的，这就实现了收入自主；当劳动的结果可以自我把控时，配合绩效导向的晋升标准，个人就可以决定自己晋升的速度，实现晋升自主；而当客户积累到一定量的时候，还可以选择自己喜欢的客户，就实现了人际关系自主。

而相比另一端"完全自主"的工作状态，保险提供了一种"平台内轻创业"的形式，把创业的成本和风险降到了最低。

保险公司提供办公场地和团队成员的佣金收入，极大降低了创业的经济成本；系统的培训支持和市场方向的把握，降低了商业波动带来的风险；营销团队这种组织形态，有效地缓解了个人的孤独感；而团队的管理制度，则在保障个人自由度的前提下，最大可能地约束了人性的弱点。

轻创业这种形式，让很多受困于职场，但又因为各种条件限制无法独立创业的中产者，通过在保险公司的平台上搭建自己的团队，构建一个持续稳定的私人企业，最终实现职业自主。

而你会发现，一旦一个人能够在工作领域实现最大可能性的自主，就会在生活中获得更大的自我掌控感，成为自己人生的主人。

毕竟，我们在为工作付出的同时，工作也在塑造我们成为什么样的人。

第二章　找对人
—
寻找处于职业窗口期的目标族群

上一章，我们明确了优增的大方向，就是增员比自己优秀一点点的城市中产。

接下来就要进入更具体的操作，从三个角度全面地呈现优增的流程，包括：

找对人——寻找处于职业窗口期的目标族群；

做对事——循序渐进的增员流程；

说对话——以"动力"为核心的面谈。

本章的内容就聚焦在"找对人"。

无论做什么事情，找到对的人，往往就成功了一半。

究竟什么是对的人，或者更具体地说，什么样的人更可能增员成功呢?

可能有人觉得要找外向、乐观、正能量的人，有人觉得要增员结了婚、有孩子的，有人觉得要增员有销售经验，或者有人脉资源的。

但你会发现，所有这些标准或者因素，都是我们站在自己的立场出发，去考虑增员这件事。

如果只是从我们自己的立场出发，按照我们的标准去找相应的人去谈，很容易出现的情况就是，每看到一个我们觉得合适的人，就去拉对方来做保险。如果对方现在工作好好的，拉的结果必然是得到对方的各种托词、借口和拒绝。

这就是以"我"为中心的思维方式。

这种思维方式，忽略了对方的需求，没有考虑到准增员自己想不想改变，因此就会带来无效的增员行为。

有效的增员行为始于思维立场的转换。

我们从自己的立场，转换到对方的立场，去想一个人在什么阶段，遇到什么情况是最有可能想换工作的。这样的人，才是我们要找的、更容易增员成功的人。

一个人在职业生涯中的某个阶段或者某个年龄段，或者是某个家庭发展阶段，会对现有的工作状态有强烈的不满，处于想要换工作的状态，或者是已经从上一份工作离职的状态。这个时期是职业转换的窗口期。

窗口期是有效增员的关键时期。

如果一个人对于自己的工作现状很满意，无论保险这份工作多么好，他也不会换工作。

而一个人之所以会改变职业跑道，转型做保险，最根本的原因是，他对于职业现状有不满，内在有想要改变的动力。

接下来我们就从行业分析、职业生涯阶段、女性职业选择这三个角度来分别呈现，处于什么行业、什么年龄段，或者什么样的家庭阶段的人，更有可能处于职业转换的窗口期，同时分析这些人职业转换的原因。

如果你希望把这一章的内容，尽快运用到你的工作中，建议你拿出一张白纸，在阅读每一个小节，在看完每一个目标族群的分析时，都停下来想一想，或者翻一下你手机中的联系人，看看你认识的人中，谁属于这一族群，并及时记录下来。

当然，你也可能在看到某一个目标族群时想，我怎么才能增员他呢？他会提出什么样的异议？我应怎么处理呢？

这些问题，我们会在"做对事"和"说对话"的章节中回答。

这一章，我们先要做的就是打开思路，更广泛地寻找可能处于窗口期的目标族群。

从下行行业寻找希望的种子

> 一个人自信心越强，就越有勇气改变自己的行为。
> 对自己多一点真爱就会对别人少一点要求。对别人要求越少，对自己就越信任。
> 越相信自己和他人，就越愿意付出爱。
> 对别人多一点爱意，就会少一丝恐惧。
>
> ——维吉尼亚·萨提亚《新家庭如何塑造人》

任何行业都有上升期和下行期。

不同行业、不同时期进入下行期原因不尽相同，有些是因为行业本身的发展周期，有些是受到政策影响，有些是源自行业外部的商业风险。

当整个行业处于上升期时，行业中的大多数个人都能实现收入和职级的快速增长。

但当行业进入下行趋势时，即使个人的工作能力很强，收入、晋升、发展空间也都会受到影响，甚至面临工作机会的丧失。

因此，当我们去分析和观察我们所在城市那些处于下行期的行业时，就更有可能从这些行业中找到想要换工作、处于职业窗口期的人。

我们先从相对宏观的角度去看，基于现在这个时点，有哪些行业可能处于下行周期。鉴于我国经济发展区域的差异比较大，以下分析可能和你所处城市的具体情况有些出入。

提到下行周期，可能你会想到房地产行业。

伴随我国过去 20 多年的城市化进程，房地产业曾经一路高歌，这个过程中虽然有阶段性的波动调整，但整体保持着"野蛮"生长、持续上升的趋势，直到过去两年这个趋势才有所改变。

2020 年四季度，很多城市的房地产交易开始回暖，无论是交易量还是交易价格都出现了明显的上调。南方的某些城市又出现排队抢购新房的场景，而在北京某些热门地区的二手学区房，竟然供不应求，有些卖主坐地起价。

但很快我们就看到各地方政府针对性地出台了限制地产业升温的政策，包括对购房人资格的限制、对住房贷款和经营贷的严控，以及对房企拿地的限制。这一系列政策组合拳很快产生了效果：刚刚有发热症状的地产业，很快降了温。

从政策的强硬程度和执行的力度能看出，地产行业，特别是商品房的销售，会在未来几年中持续保持一种调控和紧缩的状态。

为什么？

如果我们从经济大环境的角度去考虑，就不难理解为什么会有这样严厉的调控。

2020年的疫情，给整个国民经济的发展都按下了暂停键，同时也让经济发展中面临的很多困境和矛盾，更真实清晰地呈现出来。

一方面，中美两个大国之间的竞争和博弈，其他国家疫情的失控发展，反全球化思潮的推波助澜，这些都让我国经济面对的外部世界变得更加不确定、不可控。

在这种背景下，"内循环"成为经济继续发展的大方向，也就是把经济发展的动力，从对外的进出口，更多地转移到国内的投资和消费。

但另一方面，在国内，疫情对大批中小企业造成了重创，中低收入家庭的收入大幅下降。

在这种背景之下，如果允许房地产市场回暖，大量的资金进入地产领域，必然会影响经济的流动性，加剧社会的分化，不利于整体经济的发展。

当房地产业进入收缩周期时，这个行业中的从业者，无论是一手房还是二手房的销售，无论是基层的员工还是中高层的管理者，都可能面临收入下降、发展空间受限的挑战。

房地产行业从业者，就是可能处于职业窗口期的第一类目标族群。

从地产业的调控，我们还可以找到相关的一些行业。

地产业之所以被调控，是基于我国外部经济环境的变化以及内循环这个大的经济前提之下的。在现有的国际环境中，跟对外经济往来相关的细分行业，或多或少都会受到冲击。

比如，受国际政治关系影响的一些跨国企业；受贸易战影响的某些进出口细分行业，以及跟这些进出口相关的上下游企业；受疫情和国际政治因素影响的境外旅游、境外留学以及移民业务。

这些行业的从业者和企业的经营者，是我们可以寻找的第二类目标族群。

另外，那些被疫情冲击的中小企业的企业主，也是可以探索的方向。

虽然随着政府高效有力防疫政策的落实，随着疫苗的推广普及，从宏观层面我国经济已经率先摆脱了疫情的影响，GDP增长有力回升。

但在微观层面，那些在疫情期间，因为资金链难以为继，而不得不停止经营的中小型饭店、旅行社、娱乐场所的经营者和从业者，他们是否能东山再起？是否找到了新的机会？

很有可能，你去跟他们聊现状时会发现，他们还没有找到更好的机会，依然处在个人发展的窗口期。

所以，在2020年疫情中受严重影响的中小企业的从业者和经营者，是我们可以寻找的第三类目标族群。

地产业的收缩，还有一个与之紧密相关的行业，就是银行业。

在我国，银行主要的利润来源是贷款。地产调控对银行最直接的影响，就是跟住房相关贷款额度的收紧。

另外，由于过去几年的经济环境，特别是疫情对中小企业的冲击，导致银行发放给企业的贷款中，不良贷款比例上升。

这些原因影响到银行的利润，进而表现在对个人的影响上，就是从业者收入的下降，特别是在销售端工作的理财经理和客户经理。

银行的理财经理和客户经理，往往基础工资并不高，奖金在收入中占有很大的比重。所以银行利润下降，他们的奖金会受到直接的影响。

而这些人都有专业的金融背景知识，良好的沟通技能、工作习惯和抗压能力，并且有比较丰富的客户资源。

对于他们而言，转型到保险行业，进而成为专业独立的金融顾问，是非常好的职业选择。

在我长期服务的一线团队中，几乎每个团队的核心主管中，都至少有一位是从银行业转型过来的。

所以，银行业的从业者，是我们可以重点寻找的一类目标族群。

现在我们跳出地产以及相关的行业，换一个分析的方向。

我们发现，在过去几年发生在商业社会的另外一个大的趋势，就是线上商业对线下形态的替代。

这个替代的趋势一直在发生，而 2020 年的疫情，只是加速了它的进程而已。

这种替代带来的结果是，一些行业在上升，一些职业变得很热门，这些基本上都是在移动互联网相关的领域；而另一些行业在没落，比如线下实体商业中那些大大小小的商场和店铺。

客流量减少，营业额萎缩，线下实体商业中的经营者、管理者和店员，都可能在寻找更好的发展方向。

他们是可能处于职业窗口期的另一类目标族群。

以上的几类目标族群，是从比较宏观的角度做的大方向的分析[1]。

由于我国经济发展地域化差异非常大，东部西部、南方北方、不同规模的城市，往往有着不同的产业结构和发展特点。所以，更重要的是，你能够借用这种行业分析的思路，去观察你所在的城市中，哪些行业是处于下行周期的，去寻找处于那些行业中的从业者，给他们一个更自主、更有上升可能的职业选择。

---

[1] 本章的行业分析仅仅是基于 2021 年上半年这个时间节点进行的分析。

职场困境总会阶段性出现

> 有时候，当我凝视到生命的深处，环顾四周，却看
> 不到有人跟我做伴，而我唯一的伙伴是时间。
>
> ——欧文·亚隆《当尼采哭泣》

这一小节我们从职业生涯的角度，来看看职场人通常在职业发展的哪个阶段，更容易遇到职业瓶颈，也就是更有可能想要换工作。

一个人从 20 多岁进入职场，到 60 岁前后退休，这漫长的三四十年职业生涯并不是一个线性的发展，而是呈现出曲线上升的状态。

大多数人的职业生涯曲线，都会包括至少两个上升期、两个平台期。

第一上升期

第一上升期往往发生在 20 多岁到 30 岁左右这个阶段。一个职场人如果工作态度、工作能力没有太大的问题，往往都会开启一段持续的上升期，从职场新人晋升为初级或中级管理者，或者是骨干型员工。

当人处于职业上升期的时候，对未来的收入增长和职位提升，都会保持非常乐观的预期，所以这个阶段的人通常不会换工作。

但是，如果我们结合年龄层来看，现在这几年处于第一上升期的职场人是 90 后，甚至是 95 后。

这就多了一个分析的角度。

90 后的父母大多是 60 后，其中很多人是享受到改革开放的红利，过上富裕生活的第一代人。因为成长的家庭经济条件相对较好，所以 90 后对于职业的需求和 70 后、80 后有明显的不同。

70 后、80 后对职业的诉求更多地偏向收入，因为要养家糊口；而 90 后因为没有那么大的挣钱压力，他们对于工作的需求更多地表现在：这个工作是否有意思，是否有新鲜感，是否能按照自己的意愿实现自己的梦想，这个工作的氛围是否让自己觉得舒服。

从根本上说，90后是对工作中的自主性有极高要求的一代人。

所以，对于90后的职场人，即使他处于职业的上升期，但如果这个年轻人有创业的因子，有更高的职业梦想，或者他不甘于循规蹈矩的职场，对职业自主有强烈的渴望，依然是有可能换工作的。

第一上升期给我们的另外一个提示是，当你遇到一个职场人，年过四十依然是一个基层员工，说明他在职场将近二十年里，没有过职业上升期。很有可能他的工作能力、工作态度有问题，或者早已磨成了职场老油条，没有了奋斗的勇气和动力。

这种情况下，即使这个人对于工作现状有诸多不满，也建议你在增员过程中慎重考虑。

第一平台期

当一个职场人晋升到一个初级或者中级管理者时，往往会进入一个平台期，在这个管理层级保持若干年。

在职场中，"三年"是很多人可以承受没有成长的时间极限。

如果一个职场人持续地没有晋升、收入没有增长、工作内容和个人能力没有太大改变，通常到 3 年左右就会有很强烈的职业倦怠感。这个时候如果依然看不到晋升的希望，很多人就会选择跳槽。

所以，30 岁前后，在初级或者中级管理职位上工作三年左右的，这样的人往往因为职业倦怠而处于改变的窗口期，他们也是可以锁定的一类目标群体。

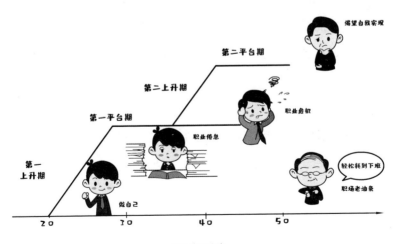

职业生涯曲线

第二上升期

在第一平台期持续几年之后，有的职场人通过跳槽，或者抓住某个工作机会，开启了第二个职业上升期，从初/中级管理者晋升为高级管理者，或者成为某个领域的专家型人才。

但这些只是人群中的少数，更多的人可能是长时间地保持在中层这个位置上，或者因为不恰当的跳槽选择，导致自己的平台越来越小。

这些长期停留在企业中层、没有明显上升的职场人，会在 40 岁左右面临一个新的挑战，那就是被更年轻的职场人替代的可能性。在某些年轻化更严重的行业，比如互联网行业、传媒和公关行业，这个产生职业危机的年龄已经提前到了 35 岁。

一个职场人是否能够有职业的第二上升期，很多时候并不是完全取决于个人的努力程度，这一点和第一上升期的发生有很大的不同。

晋升为企业高层，除了个人的工作能力外，有时候还要靠运气，或者其他不可控的因素。

所以，那些 35 岁到 40 岁之间，长期困在第一平台期、面临职业危机的职场人，其中很多人工作能力很不错，只是怀才不遇。保险这个职业自主的机会，正是他们所需要的。

第二平台期

当职场人成为企业中的高级管理者，或者专家型员工时，往往就会进入第二个平台期。如果这个过程中没有更大的机会或者突破的话，这个平台期常常会持续很久，直到退休。

位高权重，静待退休，看上去似乎是很美好的场景。但如果我们跟这些高层管理者去深入沟通，就会发现，职场困境依然是存在的。

一方面，高级管理者往往要背负着更大的考核压力。

企业给高级管理者付出高薪，就是要他们给企业创造更大的价值，特别是在绩效导向的企业，作为高级管理者如果不能如期完成关键绩效指标，常常面临着被换岗的风险。

另一方面，进入更高的管理层级，意味着更多的责任，更复杂的利益纠葛，更敏感的职场关系，常常要面对更多的身不由已。

结合年龄段来看,大多数高级管理者的年龄会大于 35 岁。这个年龄段的人往往会对人生有更多更深刻的反思。

我在做职业生涯咨询的时候,常常会遇到一些处于这个年龄段的高级管理者。

他们大都从小就很优秀,是"别人家的孩子",从好学生再到好员工,然后成为好领导。在外人看来,他们有房有车,是当之无愧的人生赢家。

马斯洛需求三角形

但是他们却常常会感觉身处困境，郁郁寡欢。会在夜深人静的时候扪心自问，究竟什么是自己想要的；究竟什么样的生活才是忠于自己内心的，而不是活在别人的期待中的。

所有这些反思和提问，都源自人对于自主的渴望。这种渴望对应的是马斯洛需求三角形中"自我实现"的那个层面。

作为高级职业经理人，当生存、安全、社交、尊重这些需求都已经逐步得到满足，自我实现的需求就会突出地呈现出来。

自我实现往往是发生在，一个人遵循自己的意志，选择了自己喜欢的事情，并且帮助了他人，给社会创造了价值的过程中。而身处高位的高级经理人，却常常身不由己，无法遵从自己的内心。

所以，对于处于第二平台期的高级管理者，如果能够在一个平台上，通过轻创业实现职业自主，用自己喜欢的方式和节奏，来创造社会价值，对他们来说，这会是一个自我实现的机会。

在这条职业生涯曲线上，我们总结出四个可能处于职业窗口期的阶段：

20 多岁处于第一上升期，但是渴望自主的 90 后；

30 岁左右处于第一平台期的初 / 中级管理者；

35 ～ 40 岁左右，面临职业危机的企业中层；

40 岁以上，处于第二平台期，身不由己的高级管理者。

接下来，你可以开始整理你的通讯录，看看你认识的人当中，有谁处于这四个阶段。

他们就是可能处于职业窗口期的目标人群。

在事业和家庭两端奔波的职场妈妈

> 可能找到生命意义的三个途径：工作（做有意义的事）、爱（关爱他人）以及拥有克服困难的勇气。
>
> ——维克多·弗兰克尔《活出生命的意义》

如果没有家庭的影响，女性的职业生涯曲线会和男性的没有什么区别，也包括两个上升期和两个平台期。

可一旦结婚生子，女性的职业生涯就会因为婚姻和子女这两个重要变量而发生改变。

所以，对于"妈妈"而言，生命中除了事业线之外，还有两条同样重要，甚至是更重要的曲线，一条叫婚姻线，另一条叫子女线。

事业线上，两个职业上升期是特别花费精力的关键时期。婚姻线和子女线，同样有两个特别需要花费心思和精力的关键时段。

婚姻线

婚姻线上第一个关键时段，往往发生在结婚的前两年，也就是婚姻的磨合期。

表面上是两个新人彼此磨合不同的生活方式和价值观，更深层的是两个家庭系统的磨合。

在这个过程中很容易发生冲突，因此也是婚姻容易亮红灯的第一个时段。

第二个关键时段，是结婚后的 5 ～ 8 年，婚姻进入了倦怠期，也就是俗称的"七年之痒"。

之所以会"痒"，是因为到这个时候，爱情的激情早已被生活中的琐事抹平，两个人从原来彼此眼中的"亲爱的"变成睡在身边的"兄弟"。

这个阶段特别需要用相处的智慧去经营婚姻，去学会接纳婚姻生活的平淡化，把曾经的爱情升华为更浓厚的亲情。如果经营不善，常常就是婚内出轨的高发阶段。

子女线

子女线的第一关键时期是从孩子出生到 2 岁左右，这个时段是孩子最需要妈妈陪伴的时间。

除了母乳喂养的原因之外，从儿童的心理发展角度讲，孩子 2 岁之前是否能够和妈妈建立起一种安全的依恋关系，决定了他成年之后人际关系中最基础的模式是安全的，还是防御的。这种模式甚至会影响到他成年之后的亲密关系。

第二个关键时期是从孩子 10 ~ 11 岁前青春期开始，贯穿整个青春期。

这个阶段，孩子的学业处于小升初前后，课业负担突然加重，课外还要上各种各样的辅导班。

从心理角度来看，这个阶段孩子有更强烈的自我意识，容易和父母起冲突；这是他们构建自我评价系统的重要阶段，但因为还不够成熟，所以对外部世界的评价异常敏感。这是内心冲突很多，很容易出现心理困惑的一个阶段。

在这个阶段，妈妈不仅要照顾孩子的生活和学业，处理亲子间的矛盾，还要关注孩子的心理，是一个特别劳心劳神的阶段。

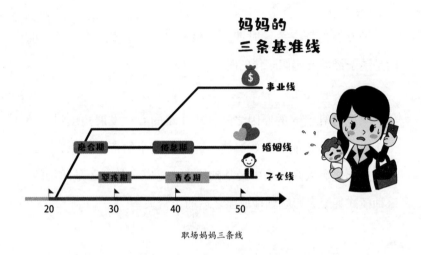

职场妈妈三条线

作为职场妈妈，之所以压力大，就是因为职场妈妈需要同时处理事业线、婚姻线和子女线。

事业带来的是自我价值的实现，但婚姻和子女是女性幸福感的重要来源。

这三条线都有特别费心劳神的关键时段，有任意两条线的关键时段重合在一起，就会让职场妈妈觉得疲于奔命、心力交瘁。

这个时候，就是职场妈妈特别想辞职的时段。

职业女性辞职的第一个高发期是孩子 2 岁之前。

从事业线上看，大多数职业女性从怀孕开始，就不得不终止第一个职业上升期，进入职业的平台期。

从婚姻线上看，如果一结婚就生孩子，孩子的婴儿期往往对应的是婚姻的磨合期。

如果生孩子比较晚，有孩子之前是二人世界，而孩子的出生常常伴随双方老人的介入。家庭关系变得更复杂，也意味着更多磨合中的矛盾。

从子女线上看，孩子刚出生的头两年最需要妈妈的陪伴。这两年也是新手妈妈最慌乱、最不知所措的时期。

所有因素综合在一起，我们会观察到，很多这个阶段的职场女性，如果现有的工作不能让她腾挪出足够的时间照顾孩子，她们会选择辞职回归家庭，中断自己的职业生涯。

对于受过良好教育，追求自我价值实现的现代女性而言，这个选择或多或少有几分无奈和不舍得。

在这种情况下，保险工作时间自由的特点，就及时地满足了这个阶段职场妈妈的诉求。

它可以让一个妈妈在照顾孩子的同时，依然可以在工作中找到自己的价值，实现两者的兼顾。

职场妈妈第二个辞职的高发期是孩子上小学前后的一两年。这个年龄段的妈妈大多 30 多岁。

这个阶段的孩子虽然不像婴孩期和前青春期那么费神。但从幼儿园阶段过渡到小学阶段，上下学接送和作业辅导，成为很多妈妈非常现实的困难。

对应这个阶段的事业线，很多女性这个时段已经在第一平台期停滞很久了，也暂时没有步入第二上升期的可能。

而这个阶段对应的婚姻线，往往是处于婚姻的倦怠期。

职业倦怠和婚姻倦怠重叠在一起，工作和婚姻似乎都处于一种疲惫的状态。

对于这个阶段的职场妈妈，保险这份工作不仅能满足时间自由、兼顾家庭的需求，更能给她们提供学习的资源和机会，通过学习，丰富内心，获得更多应对生活的智慧，收获自己内在的成长。

第三个职场女性辞职的高发期是在孩子青春期前后，对应大多数妈妈的年龄是 40 岁上下。

这个阶段的婚姻大多相对稳定，老夫老妻心照不宣。

事业线上，大多处于第一平台期或者第二平台期，比较稳定，但也很难有大的进展。

但这个看似平稳的时期，却往往是女性内心最焦虑的时期。

职场中，要面对无法突破的职业困境，以及职场年轻人的挑战；回家后，要面对孩子学业的压力、青春期的各种问题、双方父母的健康隐忧、婚姻中的无可奈何；更焦虑的是，要面对自己无法回避的衰老感。可能是越来越多的白发，越来越短的睡眠，化妆品无法掩盖的松弛和下垂，或者是体力上的疲惫和力不从心。

因为每天有太多的人和事需要应对，对于这个阶段的女性，每天最轻松最幸福的时刻，往往是孩子睡着后的深夜，那是唯一属于自己的片刻时光。

正是因为对生活、对工作有太多的不可掌控感，才会出现严重的中年焦虑。

所以，这个年龄段的职场妈妈，对于"自主"有着更强烈的渴望。

保险这份工作"职业自主"的属性，恰恰能满足她们这个需求。

通过工作自主，进而在生活中实现最大可能性的自主。

通过对女性的事业线、婚姻线和子女线的分析，我们圈出了职场妈妈的三个职业窗口期。

对于职场妈妈而言，从孩子出生的那一刻开始，事业和家庭的平衡就成为一个持续性的问题。要解决这个问题，最核心的方式就是时间自主。

当时间的决定权重新回到女性自己手中时，她就有可能通过有效的时间管理，把时间分割成给工作的部分、给家庭的部分，以及留给自己的部分；

当劳动时间的价值由自己决定时，就可以通过技能提升，提高自己单位时间的价值，在保障收入不下降的同时，缩短自己的工作时间，留出更多的时间给孩子，或者给自己。

在职场妈妈的世界里，似乎没有"容易"二字，要同时驾驭事业、婚姻和子女三条线，忙碌在所难免。

但不同的是，被动的忙碌，是被生活和工作裹挟下的无可奈何，会因为不可掌控带来焦虑和危机感；

主动的忙碌，则是在自主意志下对生活的安排和选择，会因为掌控了自己的生活收获内心的稳定和成就感。

时间自主，是平衡家庭和生活的解药，能让女性成为自己生活的主人。

全职妈妈与二孩妈妈

> 我们对自己的期望远远高于前几辈人，与此同时，我们的承受能力远不及他们，导致我们对于自己和身边的种种损失和缺陷都毫无准备。
>
> ——芭芭拉·安吉丽丝《内在革命：一本关于成长的书》

我们这一小节把全职妈妈和二孩妈妈单列出来写，因为这两种类型的妈妈，对于工作的诉求和职场妈妈有很大的不同，增员过程中谈的侧重点也不同。

全职妈妈

很多人会觉得，全职妈妈反正也没工作，闲着也是闲着，最容易增员了。

但事实上并不是这样。我们在这个族群中寻找准增员对象时，要分别思考两个问题：

第一，她是否适合保险这份工作；

第二，她是否愿意出来工作。

判断是否适合做保险，很重要的一个参考标准是她在做全职妈妈之前的工作经历。

如果一个女性从大学一毕业，就嫁人做了全职太太，然后成为全职妈妈。

这种情况就要判断一下，她是否由于没有经过职场的历练，没有良好的工作习惯，或者在她的价值排序中，工作排在非常不重要的位置。面对这样的全职妈妈，一定要慎重选择。

真正适合做保险的，是那些在职场上有过历练，因为孩子的原因阶段性地回归家庭的妈妈。在她的价值排序中，工作依然处于很重要的位置。这样的全职妈妈，我们就要及时抓住她想要改变全职状态、回归职场的窗口期。

通常一个全职妈妈，会有两个时间段比较想出来工作。

一个时段是孩子刚上幼儿园的时候。

这类全职妈妈通常是从怀孕或者孩子很小的时候，就辞职做全职妈妈，陪伴孩子度过了婴儿期。

孩子上幼儿园是母子分离的第一步，从以前 24 小时和妈妈黏在一起，变成每天离开家 8 小时以上。这种分离对孩子是个挑战，对很多妈妈来说，也是一种失落。

所以这个阶段的全职妈妈，可能会非常想要重回职场，或者找些事情做，去填补每天多出来的空余时间。

空虚感，是这个阶段出来工作的一个常见原因。

另一个时段发生在孩子上了小学，并且度过了小学的适应期之后。

这个阶段的全职妈妈，全职的时间往往很长，已经找到了丰富自己空余时间的方式，有的人似乎已经很享受全职妈妈这个状态了。

她们想出来工作的动力，往往来自孩子或者爱人对她的评价。

很多全职妈妈对自己价值的评判，常来自孩子和爱人对自己的反馈。

生活中一些琐碎的场景，比如孩子说，不知道怎么跟学校讲妈妈的职业，或者不愿意让同学觉得自己妈妈是个家庭主妇；再比如爱人对于自己不挣钱偶尔流露的抱怨，或者因为自己长期不工作而形成的夫妻二人家庭地位的不平等。

这些都会触痛全职妈妈，打破她看似平静的生活，进而去思考自己的价值究竟如何体现出来。

长期积累的低价值感，是这个阶段全职妈妈出来工作的主要动力。

保险工作时间灵活的特点，就为全职妈妈提供了一个既能照顾家庭，又能实现自我价值的工作方式。

二孩妈妈

2015 年我国全面放开二孩政策之后，二孩妈妈就成为一个越来越常见的群体。

之所以单独列出来，是因为二孩妈妈，包括三孩妈妈，无论她们是在职场工作，还是全职在家，都是非常优质的准增员对象。

城市中养育和教育孩子的成本非常高，虽然政府放开了生育政策，但很多人依然不愿意生二孩。所以，能够养育两个甚至三个孩子的妈妈，一定是勇敢而且能干的，另外经济条件不会太差。

勇敢，说明她更有可能去尝试新的事物，比如保险这种非传统的工作方式。

能干，体现在超强的时间管理能力和统筹安排各种资源的能力上。这种能力运用在家庭上能把家庭管理得井井有条，运用在工作中，也能取得很好的工作结果。

经济条件不错，代表她所在的圈层有更多的优质客户。

两个孩子，从小到大参与的各种班级，本身就意味着她有更多的社交关系。

而且，二孩妈妈因为有两个孩子，对时间自主有更高的需求。所以，保险的工作方式对二孩妈妈来说也是个特别好的选择。

我在一线的教练工作中也观察到一个非常有意思的现象，那就是很多团队的核心主管当中，往往至少有一个二孩妈妈。

到这里，我们对妈妈这个群体做一个总结。

"宝妈"是一个庞大的准增员群体，我们要把这个群体做内部的细分，区别看待职场妈妈、全职妈妈和二孩妈妈，才能更精准地寻找准增员对象，并且把握对方的职业需求。

　　无论是哪种类型的妈妈，或者处于什么阶段的妈妈，孩子一定是影响妈妈做出职业选择的重要参考因素，"平衡""兼顾"是妈妈考虑职业的重要标准。

　　保险这份工作，对于妈妈们来说，之所以是一个更优的职业选择，就是因为它把时间的决定权交回女性的手中。

　　而从教育的角度讲，当一个妈妈能够通过职业自主，进而成为自己生活的主人，这对于孩子的成长有非常大的意义。

工作所带来的高度的自我价值感会让妈妈情绪稳定，会培养出自信阳光的孩子；妈妈积极努力的样子，可以成为孩子前进的榜样。

最重要的是，妈妈主宰自己生活的状态，会让孩子看到自主的人生，是多么闪闪发光。

优增到底要不要筛选？

当一个人完全意识到自己的愿望和决定的时候，就是完全面对责任的时候。

如果一个人对自我构建感到恐慌，那么他就可能使自己麻木而不去期望或者感觉，放弃选择或者将选择转嫁给他人或者外部事件，以逃避愿望。

——欧文·亚隆《存在主义心理治疗》

"找对人"这一章到此为止，我们从三个不同的角度进行分析，列出了十几种不同的目标族群。分别是——

从行业分析角度，包括地产行业、进出口相关行业、银行业、实体商业；

从职业生涯角度，包括 20 多岁要"做自己"的 90 后、30 岁左右职业倦怠期的中层管理者、40 岁左右面临职业危机的企业中层、40 多岁要自我实现的高层管理者；

从妈妈这个群体细分出的，孩子处于婴孩期的职场妈妈、孩子处于幼升小前后的职场妈妈、孩子处于青春期的职场妈妈；孩子刚上幼儿园的全职妈妈、孩子度过小学过渡期的全职妈妈；

以及二孩或者三孩妈妈。

这些目标族群是一些建议的方向，帮助你突破原有的思维限制，寻找到更多的目标族群。

接下来你就可以结合你所处的城市情况，整理你的联系人名单，进行更加具体的寻找。

也许你会发现，这十几个建议的族群，你能够接触到的只是其中一部分，剩余的那些人接触不到怎么办呢？

最有效的方式，就是借助团队的力量。

你可以借用书中的分析方式，和你团队的小伙伴一起做客户资源分析，整合你们团队的市场资源。团队一起做，哪怕只是两三个人一起来做优增，效果都会远好于一个人单打独斗。

因为每个人都有自己的局限性。团队成员互相合作，就能有效地突破这种局限性。

这正是"合伙人"的意义所在。

所以，你招募的不是你的组员，而是你的保险企业的合伙人。大家一起在保险公司这个平台上，打造属于自己的企业。

当你和团队小伙伴一起分析团队的市场资源时，一定会发现，你们团队在这个阶段，可能在某几类目标族群市场上，人脉资源特别丰富。

针对这些目标群体，大家就可以去想设计什么样的活动，能够满足这些群体的需求，吸引他们来参加。

具体的做法我们会在下一章"做对事"里详细呈现。

你可能也会发现，对于某些目标族群，团队的资源比较稀少，只有个别人能够接触到少量的这类人群。

那么这些目标族群，就是团队下一步可以尝试突破的方向。

一旦能够在这个族群市场找到一两个合适的准增员或者转介绍中心，整个团队就又打开了一片全新的市场。

在整理这部分名单时，可能有的小伙伴会有疑惑：我需不需要先筛选一下？

保险这个行业曾经盛行"人海"战术，这导致行业从业者整体素质不高，并塑造了不太好的社会形象。

最近这几年，一些机构和一些团队开始做优增，很多小伙伴为了达到心目中"优增"的效果，又从人海战术走向另一个极端，会自己设置很多的标准去筛选。

比如有些机构使用"性格色彩"这个工具去做测评，有些小伙伴会以此为依据，蓝色性格（偏理性、冷静）的不考虑，绿色性格（偏平和安静，目标感不那么强）的不考虑；有的小伙伴会自己设置一些客观标准，比如40岁以上的不考虑，离婚的不考虑。

这些严格的标准，又会限制自己增员的效果，总觉得谁都不适合。

那到底要不要筛选呢？

我的建议是，要筛选，但是对筛选的标准和筛选的度的把握，非常重要。

首先，性格筛选可以作为你未来辅导的方向，但千万不要因为性格轻易否定一个人。

2018 年到 2019 年期间，在我的导师的指引下，我做过一个针对保险行业的心理学调研[①]，通过问卷和数据分析去研究竟什么样人格特征的外勤主管才能把团队做大做强。这个研究模型中用大五人格量表[②]测量外勤主管的人格特征，同时搜集团队的关键业务指标，再分析主管人格与业绩指标之间的相关性。

这个研究的结果，确实验证了我这些年对一线团队的观察：那些能够成为大团队总监的人确实具有非常不同的人格特质组合：那就是较高的严谨性（目标感强）、较高的开放性（学习能力强）、较高的外向性（喜欢社交）、较高的宜人性（善于合作）以及较低的神经质（情绪稳定）。

这个研究还有两个特别有趣的发现。

一个是，这种"四高一低"的人格组合，被称为"通才型"，在整体人群中并不多见，大约占比为7%[③]。

---

①　研究论文《寿险团队领导者人格对管理层过程因素及团队绩效的影响》发表于 2020 年。本研究样本团队分别来自北京、天津、山东、河南、河北、台湾等省市，包括外资寿险公司（友邦保险、中信保诚人寿、中意人寿、中宏保险）和中资寿险公司（华泰人寿、华夏人寿、同方人寿、太平洋人寿）以及南山人寿，共 9 家寿险公司。109 个团队，464 位中高级主管。

②　大五人格模型（Five-Factor Model）从五个维度来评估人格，分别是：神经质（情绪稳定性）、严谨性、宜人性、（对经验的）开放性和外倾性。这五个维度互相作用，构成了一个有机的人格整体，全面而立体地解释了人的复杂性和多变性。

③　根据倍智人才研究院基于 33333 个企业人群样本的数据统计，"通才型"在样本群体中的占比仅为 7%（倍智人才研究院，《大五人格心理学》，北京联合出版公司，2018 年出版）。

因为在大五人格这五个维度中，严谨性与开放性、外倾性与宜人性，是两组相对的关系，有此消彼长的关系。当一方分值高时，另一方更大可能性是处于低分值区间。比如严谨性高的个体，往往开放性相对较低；外倾性高的个体，往往宜人性较低。

这个研究发现也侧面证明了，保险真的不是随便什么人都能做好的。

另一个有趣的发现是，每个人格维度最有利于团队发展的得分区间，都是位于相对高或者相对低的区间，并不是最极致的区间。比如严谨性，高严谨性（目标导向）确实有利于团队绩效的提升，但严谨性过高就会抑制团队的活力，对团队绩效造成负面的影响。

这个结论，也验证了古人讲的"过犹不及"。优秀的团队管理者需要把握管理的"度"，这正是具备心理弹性的一种表现。

但即使你知道这个结论，也千万不要用这个"四高一低"的标准去做筛选。

一方面，不是每个人都必须要做总监。

保险这份工作最大的优势就在于它的自主，每个人都可以根据自己的需要来设定这个工作应该呈现出来的样子，可以根据自己不同阶段的需要来设定自己的工作目标。

你可以成为几百人甚至几千人的团队领导，也可以和两三个志同道合的小伙伴打造自己的小天地。

一个团队如果每个人的性格特征都属于特别目标导向，或者特别外向；或者按照性格色彩的分析方式，整个团队不是黄色性格就是红色性格，这样的团队可能会因为人与人之间的连接感不够强，导致凝聚力下降，不能稳定发展。

只有一个团队中拥有不同性格色彩的成员，这样性格多元化的团队才是有生命力的。

另一方面，人的性格是会随着环境而改变的。

人格包括先天气质和后天性格两个部分。

先天气质，比如对外部刺激反应得快或者慢，急或者缓，直接或者间接，这些是由遗传的生物学基础决定的，不容易改变。

后天性格则是在生活环境中，日积月累地发生着改变的。

特别是保险这份工作，大量的人际互动、大量的培训，都会让人的性格以及对应的行为模式发生改变。

很多小伙伴都会发现自己做了若干年保险之后，变得更加外向和开朗了，抗压能力更强了，更有目标感了。这些变化，正是工作对性格的影响和塑造。

从这个角度来讲，保险这份工作很有意义的一点在于，它可以帮助人塑造更加成熟的人格，变得更稳定、更开放、更有弹性。

所以我们在增员的时候，不需要对性格有特别多的挑剔，而是给每个可能的准增员一个成长的机会。

然而，不挑剔并不代表不筛选。

筛选中最重要的考虑因素是，一个人对于自己不太满意的现状，他的态度究竟是想要改变，还是一味地抱怨。

一个人过往的经历，是否经常跳槽、是否有过职业上升期、是否离婚，这些已发生的事实本身不是判断的依据。

我们要做的是，从这些经历出发，去问对方怎么看待这些生活中的负面事件。

如果他对这些事情的描述只有抱怨，都认为是因为别人的原因或者客观环境造成的，那很有可能他习惯了"受害者心态"。这样的人，是不能增员的。

　　因为在受害者心态的惯性中，当面对保险工作中的困难时，他一定会把责任推给你、推给公司或者推给客户，而意识不到是自己需要改变。

　　但如果他能够在吐槽这些不满的同时，找到自己的问题，并且有意愿寻找改变的方法，他就具备了"掌控者心态"，是愿意为自己的行为负责任的，就有可能在未来的工作中，实现真正的职业自主。[①]

　　了解人性，方能引领人心。

---

　　① 受害者心态与掌控者心态，参看《顾问式优增》中第六章"什么才是优增最重要的标准"。

第三章 做对事

什么是可持续发展的优增体系

这一章将向你呈现一个把活动和面谈有机结合的、进阶式的增员流程，并解释这个流程如何通过循环往复的操作，成为一个可以持续发展的优增体系。

为什么优增不能一蹴而就，需要一个进阶式的流程？

因为我们面对的增员对象不再是那些没有工作的人，而是有着良好工作背景和独立判断能力的城市中产。

对于这样的人来说，做保险可能意味着放弃现有的相对稳定的工作，因此，这个选择是有代价的；可能意味着在上有老、下有小的年龄，去承受一份不确定，因此，这个选择是有风险的。

对于大多数人而言，这个选择都需要一个考虑的时间过程。

而在这个考虑的过程中，这些准增员大都有独立判断的能力，不会盲从，对推销的说辞和套路会有防御，他们更愿意相信自己的考察和思考的结果。

因此，对于这样的准增员，我们需要遵循他们的心理发展过程，用"活动＋面谈"的三阶流程，循序渐进地陪伴他们实现职业改变。

从个人的增员角度，你可以参照这个三阶增员的流程，去进行邀约、活动参与和活动后的追踪面谈，有效推进增员的进程。

而从团队的组织发展角度，当你按照本章中的操作建议，持续地组织各阶活动，并配合活动举办团队内的组会和训练时，你会发现，一个销售、增员、辅导一体化的组织模式就搭建起来了。

团队的销售和增员都会从这个体系中陆续产生。

这是一个可持续发展的生生不息的模式，这就是属于你的保险企业。

循序渐进的增员流程

没有其他人能为某人改变他的世界。
如果一个人想要改变，他就必须（主动地）改变。

——欧文·亚隆《存在主义心理治疗》

当你看完"找对人"这一章，并分类列出自己的准增员名单之后，会不会有一种冲动，想马上跟准增员见面，然后跟对方说，

"你看你现在收入下降了，你们行业现在这么不好，你可以来做保险。我们公司现在有个什么什么活动……"

如果你去这样做，也许会听到准增员提出各种各样的反对问题——

比如说，

我可做不了保险，我没有你那么大的企图心；

我口才不行，没你那个能力；

我得养家糊口，做保险收入不稳定……

如果这个时候，你再去用异议处理的讲话方式，去处理对方的异议，就会发现化解完这个异议，对方又会提出新的异议。

若干个回合之后，也许谈话就不了了之。

就算对方最后答应说会参加活动，也很有可能在活动当天放你鸽子。

这个过程是我们在日常的增员工作中经常遇到的，这也是为什么很多人都觉得增员好难，与其花时间跟人谈增员，不如花同样的时间做销售。

这样的增员过程之所以无效，就是因为流程出了问题。

有效的增员流程一定是符合人的心理变化规律的。

这个规律就是，任何人在任何情景下的"改变"，从根本上是来自当事人内心的动力。

所谓动力，就是推动一个人改变的内在力量，或者叫动机。

它往往是一种未满足的需求，可能是生理的，也可能是心理的。

比如渴了，站起身倒水喝，这就是一个生理动机推动人产生一个行为的改变。

觉得自己有点胖，开始减肥，这就是一个心理上的不满足，推动人产生的改变。

但另一方面，因为人对于改变带来的不确定有着天然的回避和恐惧，对于沉溺现状往往有惯性，所以，在面对改变的时候，往往会有另一种相反的力量和动力相伴而生，那就是阻力。

所以我们常常会发现，生活中对现状有不满的人有很多，但是大多数人都是处于有不满，但又不敢改变的状态。

因为动力小于阻力。

只有内在动力大于阻力，改变才能发生。

所以，要想让别人发生改变，最有效的方法是找到对方的动力，然后强化动力。

这个原理适用于生活和工作的各个环节，教育孩子、管理员工、销售产品、说服他人，等等。

增员过程亦是如此。

动力

一个人之所以会发生职业改变，并最终选择做保险，根本上是因为他对职业现状有不满，有想要改变的意愿。为什么不满，为什么想改变，就是我们要找的动力。

在"找对人"环节，我们通过分析，列出的是可能对现状有不满的族群。

但具体到族群中的每个人，他是不是真的有不满，有什么样的不满，这些就需要在面谈初期，用有效的提问方式去寻找。

找到动力之后，还要及时去强化。

因为一个人之所以换工作，往往对工作不仅仅只有一两个方面的不满，而是多方面，多层次的。所以找到一两个动力点之后，还要由浅入深挖掘对方对现有职业更多的不满，并且让对方意识到，如果现在不改变，将来会遇到更大的困难和不满。最终克服阻力，实现职业改变。

本小节一开始所呈现的那种无效增员的过程，正是忽略了动力，直接上来就拉对方。

拉力

你可能会问，那难道不应该拉对方一下吗？

答案是，需要，但拉的时机和方式是关键。

使用拉力合适的时机，是在找到并强化了对方的动力，在对方想要改变的时候，保险作为一个更优的职业选择，恰逢其时地出现。

当对方还不想改变时，直接用拉的方式，会被对方视为侵犯了自我边界，进而用各种各样的借口防御。

使用拉力有效的方式是，针对对方的职业需求，匹配性地呈现保险工作的优势。

比如职场妈妈觉得无法照顾孩子，保险的优势就是时间自主；

中年职场人面临被淘汰的压力，保险的优势就是职业命运自己掌控；

90 后觉得工作没意思，保险的优势就是给他一个自主的平台，打造自己喜欢的工作模式。

增员这些有着更强烈自主意识的城市中产，不能每个人都千篇一律地讲公司优势、行业优势，只有把这份工作的优势和对方的职业需求匹配上时，这个优势才能真正吸引到他。

这就是针对性拉力。

阻力

在没有动力的情况下，直接拉准增员，这种情况下出现的各种异议，都不是真正的阻力，只是对"拉"这种行为的防御。

这些异议不需要化解，也不可能化解，因为对方自己没有动力。

真正需要化解的阻力，是当动力已经出现，也就是准增员对现状有不满，自己想要改变的时候。他会想，如果我做保险，去哪找客户呢？收入不稳定怎么养家呢？会不会很丢脸呢？

这些都是来自对未来的不确定和担心。

这些阻力就需要我们结合准增员自己现有的优势和资源，和他一起寻找一个适合他的解决方案。

所以，增员成功 = 动力 + 拉力 − 阻力。

先找动力并强化动力，然后针对性使用拉力，最后化解阻力。

这才符合人心理转变的规律。

基于这个公式，我们就可以为自己或者团队构建出一个三阶增员流程。

首先是一阶活动与面谈。

一阶活动不做推销，不做增员，只是为了拉近和准增员的关系，激发对方对保险工作的兴趣。活动结束后，及时进行一次简短的面谈，了解对方的现状，听听他对工作或者生活有哪些不满。

这是在找动力。

如果他对工作有不满，就邀请他参加二阶增员活动，即分目标族群的小型职业沙龙。通过讨论职业生涯规划，来强化改变的动力。

同时在活动之后，及时一对一面谈，强化动力、针对性呈现保险优势，并化解可能的阻力。

这就是二阶活动和面谈。

当然，你也可能在一阶活动之后的面谈中发现，对方对工作没有什么不满，可能对身体有担心，或者对孩子的教育有焦虑，或者对未来的现金流有担心。

这种情况下，沟通的方向，就不再是增员，而是转向销售。可以邀请对方参加小型的产品说明会，或者是进行需求导向的销售面谈。

看到这里，你可能会发现，增员和销售互相之间其实是不冲突的。

当增员不再是阶段性、运动式的，而变成一种常态化的工作，你只要维持稳定的拜访量，跟随客户的需求，销售和增员就会同时产生结果。

客户如果担心身体，就为他做疾病风险管理，提供保障类产品作为解决方案；

客户如果焦虑孩子教育，或者担心未来现金流，就为他做家庭财务规划，用年金产品或者增额寿险作为解决方案；

客户如果对工作有不满，就一起做职业生涯规划，提供保险这个工作，实现职业自主。

这才是真正的需求导向，而这个过程中，你也不再是一个推销员，而是客户身边值得信赖的能够解决很多问题的"顾问"。

很多时候，二阶活动之后，如果准增员动力足够强，就可以成功增员缔结，送训新人班。

但如果准增员还有一些犹豫和考虑，就可以邀请他参加三阶活动，也就是大型的事业说明会，或者公司开放日。在活动之后，进行促成面谈，实现成功增员。

如果没有前面一阶、二阶的活动和面谈，直接拉人参加事业说明会。这样看似简单直接，但因为忽略了对方本身的动力，并不能实现有效增员。就算有时候能增员几个人，这样来的人往往是受现场氛围的影响，在比较冲动的情况下做的改变决定。后期的留存通常不会太好。

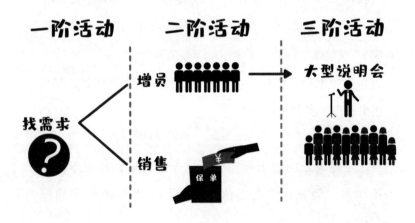

当然，如果你和准增员的关系非常近，面谈的掌控能力很强，并不一定每个阶段都要参加活动。也可以通过面谈实现动力、拉力、阻力这些环节。

但如果和准增员关系一般，面谈掌控能力不是很强，或者你还处于新人阶段，就可以通过参加活动，借助团队和场域的力量，推动增员的进程。

这就是一个循序渐进的可以常态化的增员流程。

一阶活动：从现状找动力

人们天生就希望与他人建立更多的联系，以克服不可避免的孤独感。

——朱瑟琳·乔赛尔森《我和你：人际关系的解析》

一阶活动是那些看上去和保险没有任何关系的、纯软性的活动。

它的主要目的是通过活动和准增员或准客户建立良好的关系，让对方比较直观地感受团队氛围，了解保险人的工作情况。

并在活动中和活动后的沟通中，了解对方的现状，寻找需求缺口，找到职业改变的动力。

很多小伙伴会问，自己以前也经常办一些软性活动，花了不少钱，但没什么效果，而且越来越约不到人，这种情况应该怎么办？

之所以会出现这种情况，原因通常有三个：

第一个原因，没有做到真正的"纯软性"。

邀约时说是周末农家乐，最后却安排产品推销的环节；
说是组织妈妈们做口红，最后变成拉人做保险。

客户参加这种活动，到最后会发现和自己最初预期的不一
样，或多或少会有些被欺骗的感觉，效果自然不好。
下次再用这样的理由邀约就很难约到人。

第二个原因，活动的主题对客户没有吸引力。

比如常见的插花、做口红、包饺子，这些活动虽然场面很
温馨，但对于忙碌的中年中产而言，如果一个活动不能明确地
解决自己生活中某个具体问题时，就很难牺牲休息时间或者带
孩子的时间，来参加一场不是特别"有用"的活动。

第三种原因，活动的规模过大。

如果活动是由机构或者公司层面组织的，往往规模比较大，
参与的人很多。
这种活动比较适合宣传公司的品牌，但对于和客户建立关

系、寻找动力并不适合。

在这种大规模的活动中，客户往往不能找到归属感，活动结束后就会迅速离开，没有进一步面谈的机会。

由此我们就可以看出，有效的一阶活动一定是纯软性的、对客户有吸引力的、小型室内或者室外活动。

什么样的活动才是对客户有吸引力的呢？

当你或者你的团队决定要做一场软性活动时，活动的主题不能根据自己的兴趣或者想法确定，而是要基于对客户资源的分析，去想什么样主题的活动，对这一类客户群体是有用的。

对于忙碌的中年客户而言，"有用的"的主题往往是那些能够满足自己或者孩子的生活中具体需求的活动。

比如，当你带领团队的小伙伴一起整理客户资源，发现大家身边有很多妈妈，那就可以围绕这些妈妈们关心的主题来组织活动。

低龄儿童的妈妈，比较关心孩子的养育问题，如果团队的客户资源中，有小儿推拿师、营养师，就可以邀请这样的人给妈妈们讲讲儿童日常保健的知识。

稍微大些的孩子的妈妈，可能比较关心孩子的幼升小以及学习习惯的培养，就可以找有经验的家长，或者这方面的老师，和妈妈们一起讨论如何更好地辅导孩子学习。

这个阶段，妈妈都有周末"溜娃"的需求，周末约上几个家庭，一块去公园或者郊外，也是一种软性活动，既容易操作，也丰富了自己的生活。

孩子处于青春期前后的妈妈，比较关心孩子的心理问题和小升初的问题。随着孩子学业压力变大，视力保护也是比较普遍的需求，因此组织这些相关主题的活动和沙龙，就对妈妈们很有吸引力。

妈妈们在听讲座的时候，可以在旁边的房间组织孩子们读绘本或者做烘焙，营造一个小朋友也很喜欢参加的活动氛围。

在"找对人"的部分内容里，我们分析过，孩子在这三个时段，是职场妈妈比较想换工作的窗口期，大多数都会面临工作和家庭无法平衡的矛盾。

所以在活动结束后，和对方聊聊现状，就很容易聊出职场妈妈对工作时间自主的需求，也就是找到了对方职业改变的动力。

再比如，通过分析客户资源，你和团队成员发现大家身边有很多忙碌的职场人，007、996 是常态。高压的工作之下，甲状腺结节、乳腺结节就比较多见，健身、运动、养生是这些人经常聊的话题。

针对这些需求，可以找团队或公司内有医学背景的人，讲讲甲状腺结节或乳腺结节如何预防和治疗；或者定期组织户外跑步、爬山或者各种球类运动。

各类运动，特别是球类运动，因为过程中有人际协作、肢体碰撞，有一定的竞技性，需要达成共同的目标，所以特别有助于建立人与人之间的连接感。而这种连接感就给了你更多找到客户需求的可能性。

如果你面对的客户群体比较年轻，就做一些"有趣"或者"有共鸣"的活动，这种能够满足年轻人某种心理需求的活动很有吸引力。

有一位主管，她是大学一毕业就来做保险的 90 后，年轻、没有社会资源，她怎么开拓市场呢？

她发现，她身边有很多和她一样在北京漂着的年轻人，天天点外卖。她自己很喜欢美食，也很擅长做饭，于是她就做了一个"美食趴"的活动。

每到周末就约和她一样的年轻人，每人带一些食材，一起做一桌丰盛的午餐。一边做饭吃饭，一边聊聊工作和生活、压力和梦想。这个过程中，对工作的不满，对身体的担心，这些需求就很容易浮现。

最开始邀请的都是她的同学，很快就有同学的同学、同学的同事、同事的朋友，都陆续来参加。她把活动的照片发到社交网络上，就有了更多的人参加。市场就这样打开了。

从这个例子我们会发现，一阶活动不仅可以找到销售或者增员的动力，还有非常好、非常自然的拓客效果。

除此之外，一阶活动还可以深化和客户的关系。

上文中我们举例的那些活动主题中，需要一些具备某些技能、某些背景的老师或者专业人员，比如心理咨询师、小儿推拿师、健身教练……他们可能本身就是你团队的客户。

这些个人或机构，自己也有宣传品牌的需求。

用合作的方式和他们办这种软性活动，既节省了活动的成本，又和他们实现客户资源共享。更重要的是，在办活动的过程中，他们会慢慢发现保险这个工作的价值，甚至可能变成你的保险合伙人。

　　总之，只要你和团队成员认真去观察客户群体的需求，发挥大家的创造力，可以组织很多丰富多彩的、社交性的一阶活动，通过活动发现客户的需求，深化和客户的关系，拓展个人和团队的市场。

　　这些纯软性的社交活动，让工作更有乐趣的同时，也让生活变得更开阔。

二阶活动：分目标族群的小创会

> 当团体成员开始相互重视，相互提供帮助时，团体
> 就达到了最佳的状态。
>
> ——欧文·亚隆《团体心理治疗》

二阶活动及相应的面谈在整个增员流程中，是至关重要的一个环节。

在经过一阶活动和面谈之后，我们找到那些对职业现状有不满的人，也了解了他们有哪些不满，就是找到了动力。

二阶活动就是要强化他们改变的动力，针对这些不满匹配性地呈现保险工作的优势，并且化解对方可能的担心。

二阶活动是小型的创说会或者职业沙龙，在很多机构被称为"小创会"或者"创想会"。

活动中会安排一个或者两个在保险行业成功转型的主管，向准增员分享自己转型的故事。

这种活动想要达到比较好的效果，在活动前、活动中和活动后，都有一些需要把握的关键点。

活动前

在举办一场小创会之前，要注意以下三个点。

第一，精准设定目标族群。

有效的小创会，一定是分目标族群的。因为只有相似的背景，准增员才能在活动中有归属感，并且和分享人产生共鸣。

而究竟设定什么目标族群，取决于一阶活动之后，对参与活动的客户情况的分析。

比如说，你们团队举办了一两次亲子户外活动，这是一阶的软性活动。

在活动之后，通过分析到场家庭的情况，发现这些妈妈们有很多都要一边工作，一边照顾孩子。疲于奔命，没有自己的时间，而且人到中年，工作也遇到了瓶颈。

由此，就可以在周末组织一次室内的、分会场的亲子活动。

在一个房间里做小朋友们感兴趣的活动，比如做手工、做烘焙或者拼乐高。在另一个房间做一场针对职场妈妈的小创会，和职场妈妈们一起讨论如何更好地平衡生活和工作。

这样的小创会，邀请来的准增员一定都是遇到职场困境，家庭和工作不能兼顾的职场妈妈。活动中分享的主管，也一定是一个从职场妈妈成功转型到保险行业的妈妈，她来用自己的经历分享如何突破瓶颈，实现职业自主。

这样分目标族群的设定，能够让背景相似的准增员，在相似经历的分享中，得到深层的触动。从心理学的角度解释，这就是用团体的动力，来强化团体中每个个人的动力。

第二，这种活动的规模一定要小。

比较理想的人数是每场几个或者十几个准增员。在这个人数规模之内，准增员的参与程度更高，更有可能表达自己的想法和感受，也更有可能呈现出内在的动力。

如果人数过多，准增员就会因为觉得有压力而减少参与和分享，这样的活动就很容易变成了主讲嘉宾单方向的宣讲会。

　　如果是十个以内的准增员，座位可以摆放成圆圈型。如果十几个准增员，座位可以摆放成岛屿式。

　　这两种形式都能让准增员更愿意打开自己，更深入地交流。

　　要避免的座位形式，是像课堂或者开大会那种排排坐的形式。因为这种形式只适合单方向的宣讲。

　　第三，单次的时间不要太长。

　　通常建议活动时间控制在 1 小时左右。

时间太长，活动前不容易邀约；活动中准增员注意力不容易集中；活动后，准增员也会因为活动占用自己太长时间，活动一结束就匆匆离席。

而 1 小时左右的活动，就比较容易邀约。活动结束后，也可以留出足够的时间和准增员充分地面谈。

如果你的职场恰好位于写字楼林立的商务区，那就可以在中午职场人都休息的时候，办一个小型的午餐会，准备一些比萨、三明治和沙拉，邀请周边上班的职场人聊聊职业生涯规划。

这里你可能会困惑：我好不容易把人邀请过来了，为什么不把活动办得时间长一些，让他多待一会呢？

从经营客户的角度讲，你和客户接触的频次，永远比每次接触的时长更重要。

如果你每次接触都没有攻击性和目的性，总能让对方感觉到有收获、有所得，那你下次就更容易见到他。接触的频次越高，和他之间的连接感就越强，也就更有可能成交。

这就是在经营客户。

就像种庄稼一样，播种、施肥、浇水，都是分次进行，经常打理，丰收就是水到渠成的事情。

但反过来，如果你每次见客户，都带着强烈的目的性，不是推销就是增员，一讲就讲半天。下次客户就不愿意再见到你，邀约就变得很难。

抓到一粒种子，就希望当场变成果实。这其实是在收割客户。

活动中

1 小时的活动，要办得精准有效，活动中的环节就要设计得层层递进，环环相扣。

通常建议一场小创会可以包含开场、访谈、讨论、结束四个环节。

开场

开场环节通常 5 ～ 10 分钟。这个环节的重要作用，就是构建一个彼此有连接感的、同质化的团体。在这样的团体中，才可以发挥团体的动力去强化团体内个人的动力。

实现这个作用的具体方式就是，通过有指向性的自我介绍，来凸显现场参与者的相似性。

主持人可以先做一个自我介绍的示范，然后邀请主讲嘉宾和现场的准增员参照这个方式来介绍自己。

比如，在全职妈妈的小创会上，大家的自我介绍就是自己有几个孩子，孩子多大了，自己做全职妈妈多久了。

如果针对的是中年职场人，大家就可以介绍自己工作多久了，是在哪个行业，待过几家公司。

如果是针对某个细分行业的沙龙，比如银行业，就可以邀请大家介绍自己在银行业做了多久了，做的是什么岗位。

当一个人进入一个陌生的团体时，通常都是紧张的。

但如果他发现，团体中每个人都和自己背景相似，就会快速找到归属感，并融入这个团体。

每个人融入团体的时间不一样。

有些人比较开放，融入的时间也比较快；有些人相对严谨，融入时间就比较慢。

所以主持人在开始之前，准增员陆续进场的时候，要观察到场的准增员。

在自我介绍的时候，邀请那些看上去比较积极、比较开放的人先做自我介绍，然后再请坐在他旁边的人，依次做介绍。

如果某个准增员这个时候还不愿意自我介绍，千万不要勉强。可以在后面的其他环节再邀请他分享自己。

访谈

访谈环节是小创会最核心的环节。

通过主持人与主讲嘉宾之间的访谈对话，来呈现主讲嘉宾在保险业成功转型的个人故事。

相比主讲嘉宾一个人在台上讲，访谈对话的形式，更容易让准增员有参与感，互动性更强，效果更好。

访谈环节一般建议 20 分钟左右。如果希望小创会 1 小时左右结束，最好只安排一个访谈嘉宾。

具体访谈的内容，在本章的下一小节会详细呈现。

讨论

讨论环节也是 20 分钟左右。由主持人邀请准增员分享自己的感受和问题。

引导准增员分享的内容主要是两个部分。

第一个部分，在听主讲嘉宾讲完自己的故事后，请大家分享印象最深刻的部分。

这个部分的分享，就是在强化准增员的动力。

比如，主讲嘉宾是一个全职妈妈，她讲自己想给娘家买一台新的洗衣机，结果被老公盘问了半天。这成为自己下定决心要出来工作的原因。

这个生活化的场景，可能会触动到现场很多全职妈妈，她们或多或少都有经济不独立而造成家庭地位不平等的情况。

这种触动，是主讲嘉宾讲的时候，听众产生的一种感受。

而在讨论环节，当有一个准增员再次讲到这个场景对自己产生的触动时，这个感受就再次得到了强化。

讲出来这个行为，是一个把内心感受意识化的过程。当一个人心中不满的感受，在认知层面找到了明确的解释原因，就有了更强烈的动力去寻找解决不满的方法。

这也是为什么小创会一定要安排讨论环节的原因。

当有几个准增员分享完自己的感受之后，主持人要引导大家进入第二部分的讨论：还有哪些疑问想请主讲嘉宾回答。

这个部分就是在化解阻力。

在访谈环节，主讲嘉宾会讲到自己做保险后，遇到了哪些困难，是如何化解的。这是在做第一次的阻力化解。

但可能准增员还有一些担心和顾虑，是主讲嘉宾没有讲到的。因此在讨论环节，请准增员提出这些问题，并给予及时的处理。

主讲嘉宾作为一个成功案例，他从自己的经历出发，分享自己解决这些困难的方法，会更加有说服力。

结束

结束环节的作用是再次强化参与者的印象和感受。

心理学上有个术语叫"峰终效应"，它是指人在经历一个过程时，印象最深刻的往往是过程中的高峰体验，以及这个过程最后要结束的一小段时间。

对于准增员而言，在分享和讨论中最触动他的点，就是他的高峰体验。而结束环节的设计就是在利用峰终效应中"终点"的作用来强化记忆。

主持人在这个环节中要做的是总结动力、归纳拉力。

也就是，总结这个目标族群大家共同面临的瓶颈和不满；归纳保险这个工作有哪些针对性的优势以及公司和团队能提供的支持。

最后用合影这个小仪式结束这场活动。

分目标族群的小创会构建的是一个相对同质化的临时小团体。

因为背景的同质化，参与者能够在较短时间内与团体内其他成员建立连接感，在团体内实现同频共振。用团体的动力，来强化一个人改变的动力，并化解阻力。

访谈：讲述自己的英雄之旅

> 突破个人局限的痛苦就是精神成长的痛苦。
> 艺术、文学、神话、礼拜、哲学及苦行修炼都是帮助个体突破其有限的范围，进入不断扩展的认知领域的工具。
>
> ——约瑟夫·坎贝尔《千面英雄》

访谈是小创会四个环节中，最重要的一环。

强化动力、呈现拉力、化解阻力，都在这个环节里。

在有限的 20 分钟对话里，要达到这样的效果，就需要提前设计和整理主讲嘉宾分享的内容。

小创会上的主讲嘉宾分享的是自己在保险行业成功转型的经历。

如果只是平铺直叙地讲述自己过往的林林总总，往往不能很好地吸引甚至打动他人。

对于听众而言，他们只会吸收些和自己相关的或者感兴趣的信息，无关信息都会无意识地忽略。

所以，要让主讲嘉宾的经历最大可能地打动现场准增员，我们就需要把主讲嘉宾的经历整理成一个和准增员相关，并且有情节起伏、能够引人入胜的故事。

这里给大家推荐一个故事模板，叫"英雄之旅"。

"英雄之旅"出自美国著名作家、神话学大师约瑟夫·坎贝尔的著作《千面英雄》。

他总结了每个民族自己故事中的英雄人物，发现这些英雄都有相似的成长轨迹。于是把这个挑战自我、实现改变，并获得升华的成长轨迹叫作英雄之旅。

而我们耳熟能详的很多好莱坞电影也都是以英雄之旅的模型来进行故事创作的。

故事往往是这样开始的：

主人公过着平凡且看上去幸福的生活，但是他内心有某种对现状的不满，或者有某个想要突破常规的梦想。

有一天，某个突发的事件，或者某个人的出现，打破了这种平静，成为一个契机。于是主人公开启了改变的旅程。

这个改变的过程中，主人公遇到了种种挑战和困难。但是在朋友的帮助和导师的指引下，最终克服困难、战胜挑战。

主人公成了英雄，不仅实现了自己的梦想，还收获了友情、爱情和他人的尊重。

我们每个人的成长变化几乎都可以概括为这样一个模型。

每一个改变原有工作惯性，选择从事保险这个相对有挑战性工作的个人，都是自己的英雄，都有一个属于自己的英雄之旅故事。

结合到增员的流程，我们把这个模型概括为五个部分：过去、不满、契机、困难、收获。

过去，突出你与准增员的相关性，吸引对方的注意力；

不满，呈现自己对当时现状的不满，这是改变的原因，也就是动力；

契机，因为某个契机事件，了解到保险工作的优势，这是针对性拉力；

困难，在做保险的过程中，你遇到了哪些具体的困难，又是如何在团队和主管的帮助之下克服这些困难，这就是阻力化解；

收获，总结做保险之后的收获，除了收入之外，还有个人的幸福感、社会的尊重以及自我价值的实现。这是对动力的升华。

参照英雄之旅的模型，每个人都可以把自己转型做保险的经历，萃取成一个英雄之旅的故事。

举一个教练课中的案例。

这位主管曾经是一个民办教育机构的创立者，做了十年的教育。同时她也是一个孩子的妈妈。

过去

在过去，她作为一个校长，受人尊重，收入也不错。同时女儿乖巧、家庭幸福，生活看上去非常美满。

不满

但作为民办机构的校长，其实非常忙碌，学校所有的事情都需要她操心，经营方针、员工管理、应对各种管理部门和形形色色的家长，还要处理日常行政琐事。

这些让她内心承受着很大的压力。

因为每天都特别忙碌，所以她没有办法很好地陪伴女儿。

而长时间陷于日常琐事的忙碌中，没有时间充电学习，她自己的视野也变得越来越窄。

在"不满"这个环节，她的动力就可以概括为三个方面：工作压力、不能兼顾家庭和个人成长停滞。

契机

一个偶然的机会，她从自己的保险代理人那里听说，保险公司的培训特别好，而且是免费的学习。于是她就报名新人班，希望学习到一些管理知识。

在学习的过程中，她意识到保险这个工作的实质是在保险公司的平台上，实现个人创业的一种方式，相比她自己办学校，风险小、成本低。

因为有保险公司的管理支持，团队的管理负担也小很多。这种工作方式，可以让自己有更多时间陪伴孩子。

在"契机"这个环节，就可以萃取出保险这个工作的两个优势，也就是和她的动力相匹配的针对性拉力：一是系统全面的培训带来的个人成长；二是平台内创业带来的工作和家庭的平衡。

困难

当然在这个转变的过程中，她曾经也有很多顾虑。

一个顾虑是，自己在 30 多岁的年纪，从自己熟悉的领域转到一个完全陌生的行业，对陌生和不确定是有恐惧感的，担心自己做不好。

另一个顾虑是，从校长到保险营销员，这个转变会不会让身边的人瞧不起，会不会很没有面子。

第一个顾虑的化解，是通过公司系统的培训和主管耐心的辅导。

从开发客户，到邀约、面谈、签单、后期服务，再到团队管理，她发现工作的每一个环节都能得到及时有效的支持和引领。

这种对陌生行业的恐惧感，在自己稳扎稳打的进步中，逐步消失。

第二个顾虑的化解，则是来自于在工作中对职业定位的重新理解。

随着保险业的发展，保险的从业者不再是保险产品推销员，而是中产家庭的顾问，为客户提供疾病风险管理和家庭财务管理服务，和客户之间是平等的、支持性的关系。

她在工作中，也因为这种顾问式的服务方式，得到了客户的尊重和认可。

这两个顾虑，就是"困难"这个环节的阻力化解。

收获

回顾做保险的这几年，她的收入和原来做校长时期差不多，甚至还略微高一些。

因为不再被诸多琐事缠身，她有更多自己的时间，和陪伴女儿的时间。这些陪伴让女儿变得更加开朗自信。

她在保险公司取得了很多荣誉，每一次表彰，每一个奖杯，也都给女儿的成长树立了很好的榜样。

更重要的是，在这里她打造了自己的团队，帮助很多人在这里获得更好的收入，更多荣誉，实现了职业自主。

她发现，用这种形式帮助他人成长，再次回归了她自己做教育的初心。

工作的"收获"这个环节，可以萃取为两个部分：

一部分是由于工作转变，对孩子成长的帮助，这是每个妈妈都渴望实现的；

另一部分是通过帮助他人而体现的自我价值，这一点会跟很多教育工作者产生共鸣。

从上面这个例子，我们可以发现，作为曾经的民办校校长，也作为孩子的妈妈，这位主管的经历可以打磨成至少三个版本的英雄之旅：一个版本是面向教育行业的从业者，一个是面向中小企业主，一个是面向职场妈妈。

每个版本在呈现的时候，都要突出那些和目标族群相关性比较强的元素。

当面向教育工作者时，突出的是教育工作者的辛苦，为了照顾别人的孩子，常常不得不忽略自己的孩子。而保险的工作，可以在照顾自己孩子的同时，用另外一种帮助他人的方式满足教育工作者的助人动机。

面向中小企业主，突出作为校长要承担的管理压力和经营风险，并相应地强调保险这个平台内创业的方式相对传统创业的优势。

面向职场妈妈，可以突出转型前因为工作忙碌不能照顾孩子，对孩子成长带来的负面影响，以及转型之后，因为陪伴、因为自己的成长，对孩子造成的正面影响。

当你打磨好属于你自己的英雄之旅故事之后，一方面可以在增员面谈中，讲给相关的准增员。另外，就是在小创会访谈的环节，通过主持人的提问，把这五个环节逐步呈现出来。

主持人在访谈中起到的是穿针引线的作用，代表参与小创会的准增员来采访主讲嘉宾：

以前是做什么的？（过去 – 相关性）

后来为什么不做了？（不满 – 动力）

为什么会选择保险？（契机 – 拉力）

当时有哪些顾虑或遇到过哪些困难？（困难 – 阻力）

在这个行业有哪些收获？（收获 – 升华）

对于整个团队而言，当你带领团队的组员一起打磨每个人的转型故事，你们团队就整理出了一个资源丰富的故事库。大家在市场上遇到各种类型的准增员，都可以在团队的这个故事库中，找到有相关性的故事和准增员分享。

　　每个人成长改变的经历，都是一段英雄之旅，经过萃取打磨都可以变得闪闪发光，让他人心生向往。

　　所以，看完这一节的读者，可以先停下阅读，找一个安静的时间，试着给自己打磨出一段英雄之旅。

匹配性邀约

> 假如你顾虑重重，只打算做次于你能力的事业，我就要警告你，在你的余生中你将深感不幸。
> 你将逃避你自己的能力，逃避成为你自己的可能性。
>
> ——马斯洛《人性能达到的境界》

活动邀约是很多小伙伴比较苦恼的一个工作环节。

朋友圈里发活动广告，如同石沉大海，有时连个水花都没有；

群发微信消息，回复的人也很少；

一对一发消息，有时候对方同意了，可常常活动当天放鸽子，说不来就不来了。

如果我们从动力、拉力、阻力这三个力的原理去分析，就会发现之所以约不来人，就是因为我们在邀约之前，没有找到对方的动力。

在没有动力的情况下，直接使用拉力，那么得到的结果自然是对方的防御，也就是不回应，或者找一个"没时间"的借口来拒绝。

怎么实现高效的邀约呢？

这里最关键的，是要做到匹配。

就是把活动能够解决的问题，和邀约对象的某个需求相匹配；把活动中主讲嘉宾的某个特质，和邀约对象的某个身份背景相匹配。

匹配度越高，邀约的成功率就越高。

匹配性邀约的过程可以分成三个步骤。

第一步，明确这个活动能解决什么问题。

以一阶活动为例，比如通过团队的客户族群分析，发现团队中很多小伙伴的客户都是妈妈，在日常和孩子的沟通中，都有一些困惑。针对这个需求，就可以做一个关于亲子沟通的活动，借用性格色彩等类似的工具，从不同人的性格分析切入，和父母讨论，不同性格特征的孩子，怎么更有效地沟通。

这就是通过活动解决生活中某个具体的问题。

如果是二阶活动，这种针对某个目标族群的小创会，往往是解决某一类群体在职业选择中的某个具体问题。比如，对于全职妈妈，小创会解决的问题就是全职妈妈怎么更好实现自己的价值；对于职场妈妈，小创会解决的问题是职场女性如何更好地平衡工作和家庭；对于处于困境的职场中层，小创会解决的是如何突破职业瓶颈，实现职业自主。

第二步，勾勒邀约对象的画像。

对于一阶活动，这里的匹配，就是从活动能够解决的问题出发，去联想什么样的人有这方面的需求。

以亲子沟通的一阶活动为例，这个活动能让父母收获到跟孩子沟通更有效的方式。什么样的人会需要学习和孩子沟通的技巧呢？什么年龄段的孩子会让父母觉得不好沟通呢？或者有哪些客户，在过往和他接触的过程中，听他抱怨过和孩子沟通有困难呢？

对于二阶小创会，这里的匹配，就是从活动中主讲嘉宾的背景出发，去联想什么样的人会对这个主讲嘉宾的经历感兴趣。

好比我们要办一个"30而已"的职场沙龙，分享嘉宾是一个三十几岁的妈妈，在转型到保险行业之前是一家互联网公司的人力资源主管，有一个快要上幼儿园的宝宝。

看到这个主管的背景，我们可以去联想，什么样的人会对她的故事感兴趣呢？

一定是那些和她有相似经历的人。

比如因为孩子比较小，无法兼顾工作和孩子的职场妈妈，比如面临被年轻人淘汰危机的互联网行业从业者；

或者是 30 岁左右，身处企业中层瓶颈，无法进一步突破的职场人。

因为相似的背景和特征，他们会和主讲嘉宾有相似的职业转换动力，也更容易产生共鸣。

从这些线索去联想，就能勾勒出一个个更加具体的邀约对象的画像。

第三步，一对一精准邀约。

群发消息是一种非常无效的行为，因为它完全忽略了对方个性化的需求。

因此要保证邀约的成功率，无论是发微信，还是打电话，关键是要针对邀约对象的具体需求去进行邀约。

这里给大家推荐一个"三段论邀约法"，就是把邀约的内容分成三个部分：明确需求、匹配需求、强化收获。

第一段，明确邀约对象的某个具体需求。

以亲子性格色彩这个一阶活动为例，比如你联想到有个准客户曾经抱怨过孩子不听话。

那么在邀约的第一段，就可以说：

我记得你之前跟我说过，这几年闺女长大了，特别有主意，总是跟你对着干。

最近怎么样了？是不是女儿长大些，更懂事些了？

这一段邀约先是明确了邀约对象的具体需求，就是觉得孩子不好沟通。然后用一个问题去确认这个需求是否还存在。

如果对方现阶段仍然在跟女儿的沟通中有困惑，就可以开启邀约的第二段，就是用活动的主题和能够解决的问题，与对方的需求相匹配。

比如说：

正好我们周六有一个性格色彩的沙龙活动，我们请了一个专业的心理老师，测评性格类型，并且帮大家分析不同的性格类型怎么沟通更有效。

第三段，强化参与活动的收获。
通过强化收获，来实现邀约促成。

比如说：
你要不要来测试下？看你和孩子都是什么类型的性格，怎么沟通更有效。还可以把你遇到的具体困难，跟老师单独聊一聊。

以上就是一个针对一阶活动的三段论邀约举例。

二阶活动也是一样的。

还是以上文"三十而已"小创会为例，进行三段论邀约。
第一段，明确准增员在职业发展方面的需求。

比如说：我记得你之前跟我说过，你们行业现在整个都在收缩。不仅奖金少了，未来的晋升机会也很少。而且，因为要养孩子，不敢轻易换工作。

第二段，用主讲嘉宾的背景特质来和准增员他自己的现状相匹配。

比如说，正好我们有一个同事，她家孩子跟你的孩子差不多大。之前在互联网做人力资源，特别忙，顾不上孩子，而且到了这个年纪也很难再往上晋升。

第三段，再次强化参与活动的收获。

比如说，我这个同事来我们公司两年，现在已经有一个30多人的团队，收入比以前高很多，而且还有很多时间可以陪孩子。你可以来听听她当时转型时是怎么想的，克服了哪些困难，也可以把你的担心和她讨论一下。

以上就是一个针对二阶小创会的邀约示范。

至于三阶活动，也就是公司层面的事业说明会或者开放日，它要解决的问题是让准增员更了解公司和行业的优势，强化对未来的信心。

因此，这个主题满足的就是想要进一步了解保险行业的需求。

对应的准增员是那些经过前期增员面谈的沟通，或者参加过二阶活动，对保险行业已经产生一些兴趣的人。或者是，现在想要去从事这份工作，但是还有一些担心的人。

我们去邀请这样的人参加事业说明会，才是把活动主题和需求相匹配，才能实现有效的邀约。

匹配性原则，不仅适用在邀约的环节。销售中，生活中，也同样适用。

当你能够把对方的某个具体需求，和你的建议或者方案匹配在一起时，就能和对方达成一致，实现有效的沟通。

生生不息的可持续模型

> 我们不是被环境所决定的。而是我们赋予环境的意义决定了我们自己。
>
> ——阿德勒《超越自卑》

当你阅读到这个环节的时候，可能你已经意识到，优增不仅仅是一个人的工作，而是通过团队的协作，达到更理想的规模效应。

这就需要在团队中构建一个优增的系统。

这个系统，是一个由组会、活动、训练共同构建的模型。无论团队大小，都可以操作。

第一关键环节是开组会。

如果目前你团队规模比较小，可以开自己的直辖组会。

如果你的团队已经具备相当规模，并且有裂变的二代主管，可以开直辖主管会和核心成员组会。

即使你现在只有一个人，也可以和机构中志同道合的小伙伴合作开会。

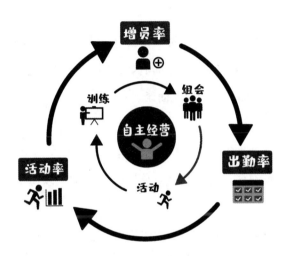

开组会首先要统一大家关于优增的共识，分享的内容可以参考本书第一章。

接下来，按照本书第二章"找对人"中建议的方式和方向，带领组会中的每个成员都列出自己可以接触到的目标族群。

再集中讨论，整理出团队目前可以重点开发的、资源最丰富的几类目标族群。

针对这些目标族群在生活和工作中比较有共性的需求，按照本书第三章建议的方式，确定一阶活动的主题，并通过明确的内部分工，筹备和组织一阶活动。

活动开始前一周，安排一次团队内的训练，教团队成员如何进行匹配性邀约，以及活动后如何进行面谈沟通，发现对方的需求缺口，即"找动力"面谈。

在一阶活动结束后，再次召开组会。

一方面，复盘活动流程，总结经验教训，以便下次活动办得更好。

另一方面，分析参加活动的客户情况。

有些客户可能表现出对自己和家人的身体有担心，或者对未来的现金流有焦虑。

针对这些客户，召开下一次组会，筹备组织小型的产品说明会。或者组织训练，辅导组员如何进行后续的销售面谈。

对于那些对工作有不满的客户群体，则召开二阶活动的筹备组会，针对这类目标族群准备小型的创说会。

每个二阶活动之前，同样组织小型的训练，针对这场活动，辅导大家做匹配性邀约和活动后面谈。

这是一个可循环的模型。

每个月都可以召开一次关于"找对人"的组会，带领组员一起整理出这个阶段大家可以重点跟踪的客户名单，并由此衍生出一阶、二阶活动和相关的训练。

这个组会＋活动＋训练的模型，会带来团队的销售和增员，也有效地解决了优增的留存问题。

第一，高参与度会带来高出勤率。

传统的晨会之所以出勤率不高，就是因为参与度不高。参加晨会只是作为听众，被动地接收重复的晨会内容，大家出勤晨会的积极性自然不会很高。

一个有效运转的体系，虽然是由团队的领导者发起的，但更重要的是团队成员的共同参与。

只有每个人都参与目标族群的分析，才能明确团队的市场资源，并实现借力开发。

活动主题的确定，筹备和组织，也都需要团队成员的群策群力和协作分工。

这个过程中，每个人会因为自己参与其中，获得价值感、成就感和责任感，团队的凝聚力会因此而加强，团队的出勤率也会提高。

第二，高出勤率带来高活动率和高增员率。

在这个行业，出勤是业绩和增员的基础。稳定的出勤可以让一个人保持稳定的情绪和工作状态，进而有稳定的工作量和收入。

组会和训练的出勤，能够让参与其中的团队成员跟着团队的节奏，有条不紊地做邀约，通过参与活动产生销售和增员的结果。

参与者个人的绩效得到提升，团队整体的活动率和增员率也会稳步提升。

第三，稳定的产出确保新人留存。

对于一个团队而言，能否持续做优增取决于能否持续做"优育"，也就是把这些优秀的新人留下来。

很多小伙伴会因为留存而苦恼。

对新人不辅导，就很容易流失；但每个新人都一对一辅导，就会占用自己大量的展业时间。

因此，要实现新人有规模的留存，就需要一个体系。

如果我们把优秀的新人比喻成为种子，他们要在这个行业生根发芽，开花结果，就需要有适合他们的土壤。

那么，组会＋活动＋训练的体系就是这片适合他们的土壤。

这些优增的团队成员来自符合他们需求，并且和圈层接近的一阶、二阶活动。

来到保险行业后，他们继续邀请他们同圈层的客户来参加这些活动，并通过活动实现了他们的销售和增员。

通过参与，让他们在团队找到定位，收获价值感；在参与活动的过程中帮他们学会如何去介绍公司、讲产品、讲行业；通过训练，学会如何邀约、如何提升技能。

慢慢地，他们也会成长为活动中的分享嘉宾或者活动的组织者，并且打造自己的团队，真正在这个行业留存下来。

组会、活动、训练，可能你会发现在这个循环往复的操作过程中，似乎没有保险公司的内勤出现，是全部由团队主管带领团队成员，自行组织安排的。

这正是保险这个工作之所以被称为"平台内创业"的关键，这就是自主经营。

自主经营，首先强调的是自主。

因为不是打工，而是做自己的事情，个体在工作领域获得了最大可能性的自主，主观能动性和个人潜能都得到了极大的发挥，进而创造出远高于打工状态下的工作价值。

而经营，正是一个人成长为企业家的必修课。

从经营自己的客户市场，到打造自己的团队，进而经营团队以及团队可触及的、更广阔的市场。生生不息，持续生长。

第四章　说对话

以动力为核心的面谈

本章将聚焦在优增过程中的面谈技术。

传统的增员面谈，往往强调的是如何介绍公司、讲行业、讲工作优势，也就是增员过程中的拉力。

但我们在前文中也分析过，如果不能找到并抓住准增员职业改变的动力，不去强化动力，单纯地拉对方，只会让对方产生防御。

这是无效的增员过程。

因此，在本章中我们将会呈现一种"以动力为核心"的面谈：

从找动力到强化动力；

从工作比较表层的动力，到比较深层的动力；

从职业状态的现状到职业规划的未来。

整个面谈过程，将始终围绕准增员自己的动力展开，用对方自己内在的力量，推动对方克服转变过程中的担心和困难（阻力），最终实现职业改变。

对于边界感强、自主意识强的中产阶级，这种面谈方式是站在他们的立场进行沟通。更符合他们的心理特征和沟通模式，也更有可能和对方达成一致性沟通。

更重要的是，对于保险这样一种自主程度非常高的工作，准增员只有在最开始做这个职业选择时，就遵循自己的自由意志，在经过自己的独立思考之后，再出这个改变的决定，他才有可能在这个行业未来的工作中，为自己的行为负责。无论遇到什么样的困难，都能积极地寻找解决方法，战胜困难和挑战。

而那些不是出于自己内在动力而选择这个工作，只是被"拉"来做保险的人，常常会在工作中遇到困难时，抱怨主管、抱怨公司，并最终带着怨气离开这个行业。

所以，在增员过程中，我们是在帮助和陪伴准增员自己做出改变的决定，而不是替他做决定。

在增员过程中找到的职业改变动力，也会支持他未来在这个行业中持续前进。

一个从自己动力出发，为自己行为负责的人，才真正有可能在这个行业实现职业自主，并最终成为自己的主人。

保持对动机的敏感度

> 自主的另一个含义是自我决定、自我管理、积极、
> 负责、自我约束、有主见而不是人云亦云，是成为
> 强者而不是弱者。
>
> ——马斯洛《动机与人格》

　　动力，也可以称为动机，是个体产生某种行为和发生某种改变的内驱力。

　　动机往往是某种未满足的需求，可能是生理层面的，也可能是心理层面的。

　　一个人职业改变的动机，就是对职业现状的不满。这个不满，不是仅仅对工作某个方面的不满，而是对工作的时间、收入、人际关系、晋升空间、价值实现等多方面叠加的不满。

　　当这些不满积累到一定程度时，一个人就会选择换工作。

　　所以，有效的增员始于"找动机"，就是从多方面寻找准增

员对职业现状的不满。

从动机是否明显的角度，我们可以把日常所有接触到的人分为主动咨询和非主动咨询两大类。

主动咨询的，就是动机相对明显的；而非主动咨询的人，就是动机相对不明显的。

本小节我们先来讨论主动咨询的这种场景。

无论是销售，还是增员，当一个人主动向你咨询保险相关的问题时，他在提出问题的当下一定是有原因的。

这个原因就是动机。

动机常常是一闪而过的，所以当我们遇到他人的主动咨询，一定要保持对动机的敏感度，及时抓住这个动机。

比如说，当一个人来问你："你看我适合买什么保险呢？"

这时候一定要及时问问他，为什么想了解保险，希望用保险解决什么问题。

很有可能他因为最近身边发生了什么事情，触发了对自己身体的担心；也可能是因为买的基金大跌，想要寻找更稳定的理财方式。

这就是销售中的找动机。

增员也是一样。

当有人问你："你们做保险好做吗？挣钱多吗？"他之所以这么问你，也一定是有原因的。很有可能他最近工作不顺利，处于职业的窗口期。

在这种场景下，我们不仅要正面回答对方的问题，更要及时找到动机。

正面回答，就是不回避、不夸大，用积极的态度和发展的眼光来回应对方。

我在一线常常发现很多小伙伴，特别是从业时间不太长的人，可能是自己对于这个工作还不是很有信心，或者觉得自己的收入水平还不足以吸引对方。所以面对这样的询问，总是闪烁其词。

但闪烁其词、吞吞吐吐一定会让对方感受到你的不确定、不自信，后面的增员面谈就根本不可能再展开。

还有一些小伙伴会用反问来回避这个问题。"你觉得什么叫好做呢？你觉得多少叫挣钱多呢？"

这些问题看似在探寻对方的想法，但其实还是在回避正面的回答。而且，反问本身是有攻击性的，准增员会因为你的攻击行为和回避的态度，而产生防御，不再有继续沟通下去的兴趣。

当然过分夸大也是不建议的。

有的小伙伴会在增员的过程中晒工资单，遇到有人咨询保险这个工作，就拿出自己这一年中收入最高的那个月的工资单，或者是公司某个收入特别高的总监的工资单，用特别高的收入来吸引对方。

这种方式其实是在误导准增员。

有些偏理性的准增员就会对此产生质疑，丧失对你的信任。

而如果一个准增员相信了这种不具有代表性的高收入，并因此就来做保险，他会在真正开始工作之后，在了解到这个工作的难度和挑战之后，意识到你最初对他进行了误导，进而动摇对你的信任，这些都不利于未来的辅导和留存。

对于这种关于保险工作的咨询，有效的回答方式，就是正面回答你真实的情况，并用积极发展的视角，和对方一起看待这个工作。

　　如果你现在确实觉得很难，你就可以告诉对方，这个工作不容易。但是，恰恰因为有难度、有挑战，才让你得到了个人的成长和收入的提升。

　　如果你现在的收入还没有那么高，你也可以告诉对方，你现在的收入情况。虽然因为还在学习阶段，暂时没有那么高，但是按照你对自己的规划，会在将来什么时间，达到什么样的收入水平。

　　正面回答，能让对方感受到你的真诚，加深信任。而积极发展的视角，也能让对方对这个工作的成长性有更全面的了解。

这种回答，才会把面谈有效地向前推进。

在回答完对方的咨询之后，就可以及时提出有效的找动机的问题。

比如说：

我看你工作状态也一直挺好的，怎么会突然对我的工作这么感兴趣呢？

这个提问，就是用一种积极关注的态度，把谈话的重点放在了准增员身上，去寻找他咨询的动机。

很有可能准增员就会说，自己的工作特别没意思，或者特别忙特别累，或者是最近工作遇到了哪些不顺心的事情。

对于工作的不满，就逐渐呈现出来了，也就是做到了"找动机"。

除了日常接触中的主动咨询之外，在一阶活动之后，常常也会有类似的场景出现。

很多客户在参加完某个软性活动后，会说"你们这个工作还挺有意思的""你们公司的人真好""你们这工作挺好的，又能带孩子又能工作"。

这些虽然不是很明显的咨询，但对方表达出这种正向的情绪，肯定是有原因的。

很有可能是，他的工作很没意思，所以才会说，你的工作有意思；

他的工作人际关系很复杂，所以才会说，你们公司的人真好；

他的工作不能兼顾孩子，所以才会说，你的工作真好，又能带孩子又能工作。

这种场景下，我们要感谢对方的肯定，并且及时地找动机。

比如说，

我觉得你的工作也特别好啊，办公环境那么棒，挣得多，福利还好。

这个对准增员工作现状的肯定，虽然不是一个问句，但同样也是用积极关注的方式，把谈话的焦点放在对方身上。

当一个人感受到自己被他人关注，并且是被积极的态度关注着，就会愿意更多地呈现自己的内心。如果他对现有的工作确实有不满，就会顺着你对他肯定的话，开始对自己工作现状的抱怨。

找动机就更容易实现。

　　所以，面对那些主动咨询的客户或者准增员，一个基本的原则就是，回答问题本身固然重要，但更重要的是，通过有效提问，寻找对方咨询的原因。

　　把握住这个原则，你就能保持对动机的敏感度。

积极关注的神奇作用

> 人与人之间相互交流的主要障碍，在于我们有着非常强烈的，对他人或其他团体的说法进行评判、评价、赞成或反对的自然倾向。
>
> ——卡尔·罗杰斯《个人形成论》

本小节我们来讨论那些"非主动咨询"的准增员，如何用积极关注的方式，从对方的现状出发，找到改变的动力。

相比那些主动咨询保险工作的人，在日常的保险工作中，我们接触到的更多人是处于一种对保险工作"无感知"的状态。

从动机的角度，这些就是非主动咨询的人群，因为他们暂时还没有呈现出明显的改变动机。

无论是推销还是增员，对于没有明显动机的人，如果你直接去推产品，或者"拉"对方做保险，都有可能被对方解读为被攻击，进而产生防御。

所以，面对这样的人群，要找动机，就首先要放下自己的攻击行为，也就是放下自己推销或者增员的目的性，和对方建立起彼此无防御的关系，进而通过观察、倾听，从对方的现状中，找到对现状的不满，也就是购买保险的动机，或者职业改变的动机。

这个过程中，最核心的面谈技术就是"积极关注"。

"积极关注"最早是由人本主义心理学家卡尔·罗杰斯提出，并将其作为一种心理咨询的技术，应用在临床的心理治疗上。

但实际上这种对对方保持积极关注的沟通姿态，可以适用于任何场合的沟通。

因为，人作为群居动物，每个人都有渴望被关注、被看到的心理需求。

在人际沟通中，如果你能够有效地关注到对方，并且用积极的、欣赏的态度，去关注对方的闪光点，或者事物的积极面时，就满足了对方这个基本的心理诉求。这个时候，对方就更愿意打开自己，呈现更多的内心世界，进而让沟通变得更深入。

结合保险的面谈，在"找动机"这个环节，使用积极关注，能非常有效地让对方打开心扉，进而找到潜藏在内心对现状的不满。

与积极关注相反的，就是消极关注，这个似乎是在工作中更常见的，而且往往是无意识发生的。

比如跟客户说"你没有保险就相当于裸奔""你怎么能保证急需用钱的时候，房子说卖就能卖出去？"

或者跟准增员说"你们行业现在整体都在下滑，你就不想改变一下吗？""你到这个年纪已经很难晋升了，说不定还会被年轻人淘汰。"

消极关注，意味着批评和否定，是一种攻击性行为，会激发对方的防御。

　　举个例子，今天你去见一个在公司上班的职场人，这是一个非主动咨询的准增员。

　　通常我们会先聊聊对方现在的工作情况，最近忙不忙，加班多不多。

　　如果对方这时候说，最近很忙，经常加班。我们就听到了对工作的第一个比较表层的动力，就是对工作时间的不满。

　　如果这个时候，我们用消极关注，说，"你这工作这么忙，可得注意身体，现在年轻人猝死的新闻那么多。你看你上有老、下有小……"

　　这些负面的话，会让对方丧失对后续谈话的兴趣，他可能会用别的事情打岔，或者礼貌地表示感谢你的关心来终止谈话，或者解释说自己工作没那么忙，自己很注意身体。

　　对方的这些表现，都是防御性的行为。

　　反过来，如果我们用积极关注，肯定加班这个状态的积极面，说"现在经济不景气，能有班可加，说明你们公司业务还挺好的。有钱挣就好啊。"

　　这种积极导向的谈话方式，就会让对方进一步打开话匣子。

　　接下来，就要认真倾听，听对方的不满在哪里。

如果对方说，"还行吧，这么拼不都是为了养孩子。"

从这句话，我们就听到，对方对现有的收入还比较满意，暂时不会换工作。相比收入，他目前关注的焦点可能是在孩子身上。那接下来的谈话，就可以进一步聊聊孩子的现状，进而把面谈的方向导向教育金的准备。

如果对方说，"我这是在拿命换钱呢。"

从这句话，也能听到，对方对于工作收入，现阶段也是满意的。但是对于身体健康是有担心的。

那接下来，就可以继续用积极导向的问题，去询问对方的身体，比如说"不至于吧？我看你气色还挺好的。"

用这种方式把谈话的方向导向重疾面谈。

如果对方说，"我们加班也没有什么加班费。"

这句话就很明确地呈现出他对于工作收入的不满意。

对收入的不满，是职业改变的第二层动力。

顺着对收入的不满，继续用积极关注的方式，很有可能还会找到更多的不满。

比如说，"你这么努力，老板一定看在眼里，年底晋升肯定少不了你。"

如果对方对于未来的晋升空间有不满，就可能说晋升机会很少，或者需要论资排辈。

这就是对职业改变的第三层动力，对晋升空间的不满。

再进一步积极关注，说"趁年轻，在这个公司多积累一些，过几年跳个槽，收入起码得翻一番吧。"

如果对方对行业内跳槽并不乐观，就可能会进一步解释，说跳到其他公司未必能有特别大得改变。

这就是对职业改变的第四层动力，对行业发展的不满。

从工作时间、工作收入，到晋升空间、行业发展，这个过程中我们就用积极关注的方式，一层一层地打开对方，由浅入深地找到准增员对工作各个层面的不满。

当准增员对现有工作许多方面的不满都陆续呈现的时候，他对于现有工作的态度，就会有一个整体上的松动。

这个时候，可以进一步展开面谈去强化动力，或者是邀请准增员参加和他情况相匹配的二阶小创会，通过小创会去强化动力①。

在"找动机"过程中，可能你已经感觉到了，用积极关注的方式来提问，面谈并不一定都会导向增员。

———————

① 关于强化动力面谈案例详见《顾问式优增》第 9 章到第 12 章。

同一个问题问完，客户可能会有不同的回答，根据他回答的内容，我们去听，去判断他是对身体有担心，还是关注孩子，还是对工作有不满。

这个过程就是在跟随客户的需求。

在这个环节中，积极关注的作用就是在"敲"。

就好比装修房子的过程中，我们常常会敲一敲，判断这面墙是空心的，还是承重墙。

我们接触到的每一个人，都可以用这种积极导向的问题去敲，然后去倾听对方对于工作、身体、家人和未来现金流的态度。

如果对身体有担心，我们就提供疾病风险管理服务，最后导入重疾险；

如果关注孩子教育，就帮助他提前规划教育金；

如果对未来的现金流有焦虑，就提供家庭财务规划的建议，最后导入年金险；

如果对现有工作有不满，就一起做未来的职业规划，最后提供保险这个职业自主的机会。

这正是以客户为中心，以客户的需求为导向的面谈。

当然，这个"敲"不是在面谈中没有方向地一通乱敲，而是基于对客户情况的提前分析，预估客户的需求或者不满，可能在哪个方面。

在"找对人"那一章中，我们做的分析，就是找到那些可能对工作有不满的人群。

作为城市中产，工作、身体、孩子、家庭财务，一定至少有一个方面是有不满的。

这也验证了保险十大真相中的那句话：一个人的一生中，至少有一个问题需要用保险来解决。

从这个角度说，增员和销售从来不是割裂的，是不冲突的，只要你保证稳定的拜访量，在面谈中放下自己的目的性，去跟随客户的需求，销售和增员会是水到渠成的结果。

强化动力：从未来寻找职业缺口

> 如果你觉得安全、感到被爱，你的大脑就会特别擅长探索、游戏和合作；
> 如果你总是受惊吓、感到不被需要，你的大脑就会特别擅长感知恐惧和抛弃。
>
> ——范德考克《身体从未忘记》

无论是通过面谈，还是一阶活动，找动力都是基于现在的时点，去寻找准增员对职业现状的不满。这是一个人会发生职业改变的开端。

但是，仅仅有不满并不足以让一个人发生改变。

特别是对于优增的城市中产，因为大多数要承担养家糊口的责任，还可能背负着贷款。只有在职业改变的动力足够强的情况下，才会发生改变的行为。

因此，在增员的流程中，找到动力之后，及时强化，才有可能把准增员改变的进程向前推进。

找动力是问现状，强化动力就是谈未来。

当我们用积极导向的问题，由浅入深地"敲"出准增员对于工作时间、工作收入、晋升空间、个人发展等各个方向的不满时，就可以用一个关键性的提问，把谈话的焦点从"现在"拉到"未来"。

这个关键性提问就是，"你下一步怎么打算呢？"

用这个问题，去和准增员探讨，他有没有改变现状的方法，以及是否有更优的解决方法。

如果对方已经有改变现状的计划，并且对这个计划是乐观的、有信心的，那这个时候，虽然他对现状有不满，但因为有对未来乐观的向往，所以，是不会转换跑道做保险的。

但如果对方没有改变现状的方法，或者虽然有规划，但对这个规划持有的是悲观的、不确信的态度，这个时候，保险就可以作为一种"更优"的职业选择，出现在准增员的面前。

对现状有不满，在未来又没有更好的办法，这就是一种心理上有缺口的状态。

这种心理缺口，会推动一个人产生行动，积极寻找解决方案，去满足这个缺口。

而保险正是针对这种缺口的更优的职业选择。

以职场人为例，当一个人处于职业困境中时，能够想到的改变方式，通常是公司内转岗、行业内跳槽，或者辞职创业。

在强化动力这个部分，我们可以站在准增员的旁边，和他一起分析，这三个常见的选择，是否可以帮助他改变现状。

转岗和行业内跳槽，并不能改变打工状态下"不自主"的本质。虽然改变了工作的内容和环境，但依然会在未来面对不自主的困境。

而创业，对于大多数中产，意味着较高的经济风险和心理压力，并不是每个人都可以承受的选择。

用"职业光谱"这个工具去做分析，在发现转岗、跳槽和创业这三个选择都不那么理想时，职业缺口就清晰地呈现出来了。

这个时候，就可以根据准增员对职业的具体需求，有针对性地呈现保险这个工作的优势。

也就是匹配性地使用拉力。

再比如，如果你面对的准增员是中小企业主。

在"找动力"的环节，通过积极导向的询问，我们发现了准增员对自己企业经营现状的不满。

在"强化动力"的环节，要问的就是准增员接下来是否有改变现状的规划。

对于企业主来说，常见的规划要么是在现有的企业基础上寻找新的经营方向，要么是寻找新的经营项目。

这两个选择，都是在传统创业模式这个大前提下进行的，作为企业主都必然要承担经济投入的风险和管理成本的压力。这时候，保险作为一种平台内轻创业的形式，从商业项目的角度考量，投入小、风险低，管理压力小，成长性好，这些明显的优势都能让其成为一个更优的创业选择。

如果你面对的是职场妈妈，"找动力"的环节，一定会听到职场妈妈对于工作和家庭不能平衡的困惑。

在对于未来的规划中，几乎没有妈妈会愿意牺牲孩子的成长来换取自己事业的成就，但如果完全放弃工作、回归家庭，又总会有或多或少的不甘心。很多人甚至觉得，工作和家庭的平衡是不可能实现的伪命题。

面对这种无法平衡的心理缺口，保险就是一个能够有效实现这种平衡的解决方案。因为时间自主，让妈妈们重新拥有时间的决定权；因为成为时间的主人，进而有可能成为自己生活的主人。

　　而对于不喜欢受约束，更愿意做自己的 90 后，很多人都不喜欢按部就班的上班。对于他们而言，要改变打工的状态，可以选择的职业形态其实有很多，做自由职业，做社交平台的博主、视频网站的主播，甚至滴滴车主、外卖骑手，这些工作都很自由、很灵活。

　　只有在沟通中，找到这些职业选择的不足，才能凸显出保险这个职业的对比优势。

　　这些工作形式，都是移动互联网时代新兴的工作方式，这个工作将企业和个人的关系，变成了电脑和 U 盘的关系。企业像电脑一样，提供的是平台，个人像 U 盘一样，在平台上输出价值。有人把移动互联网时代的这些工作形式称为"U 盘化生存"①或者"零工经济"②

　　"零工"确实比传统打工更自由，但就目前发展的情况看，最大的缺口就在于缺少持续的成长性。

---

　　① 罗振宇把"U 盘化生存"定义为一种工作和生存方式：自带信息，不装系统，随时插拔，自由协作。

　　② （美）戴安娜·马尔卡希在她的著作《零工经济》中提到，零工经济（Gig economy）是一种以人为本的组织模式和工作方式，是以数字化、网络化为基础的时代新型工作形式：从"企业 – 员工"到"平台 – 个人"。

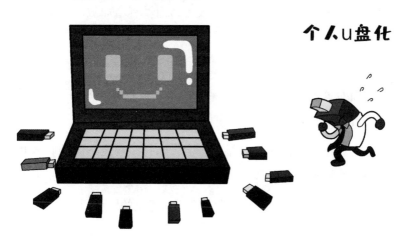

　　比如做网络平台的写手或者个人自媒体，本质上和自由职业者一样，需要足够的自律性对抗自己的惰性和拖延，需要足够强大的内心承受在家工作的孤独感，需要预知因为身体原因带来的阶段性收入中断。

　　如果做网络博主或者主播，必须了解并接受互联网领域普遍存在的极化现象：90% 的流量都会集中在某个领域的头部，海量的小主播花费大量的时间生产内容，但只能在腰部以下、甚至更底层，去竞争极少的流量。

　　如果做滴滴车主、外卖骑手，长期重复的体力劳动不仅要承受透支健康的可能性，也意味着收入没有可持续的成长性，收入结构中也只有单一的主动收入，而没有增加被动收入的可能性。

面对这些职业的不足，保险这个职业选择在具备"零工"这个自主性的同时，还具有明显的长期性优势。

对客户市场的深耕和维护，会带来持续稳定的续期收入和客户的转介绍。

对团队组织的构建和经营，会带来稳定的组织利益。

在保险公司这个平台上创业，是给自己打造一个利润稳定的保险企业，通过创造越来越多的被动收入，而实现财务自由。

综上，在增员过程中，使用拉力前，应该先询问准增员下一步怎么打算，再分析这些现有选择的不足，进而以对方现有的职业选择作为参照物，凸显保险这个更优的职业选择。

有对比，人的自然倾向是选择更优。

这就强化了改变的动力。

匹配上动力，才是有效的拉力

> 我们每个人生来就具有平等的内在价值。
> 所以，关于自我价值的问题绝不是我们是否拥有它，
> 而是我们应该如何去体现它。
> 自我价值永远植根于我们的心底，并不断挣扎着，
> 希望被发现、被承认和被证实。
>
> ——维吉尼亚·萨提亚《萨提亚家庭治疗模式》

在准增员职业转变的过程中，动力、拉力、阻力是三个关键的因素。

其中，动力和阻力，是准增员内在的心理因素，而拉力对于准增员则是外部的因素。

相对于找动力，化解阻力，拉力似乎是最容易的，只要讲公司、讲行业、讲自己，就可以了。但实际上并非如此。

对于边界感强、自主意识强的中产阶级而言，"套路"这些语言技巧他们都是能感知到的，这些只会对沟通产生负面的作

用。有效的沟通，需要建立在彼此无防御的关系上，并且是能够满足对方的某些需求。

所以，能够起作用的拉力，要以动力为前提，并且与对方的动力相匹配。

首先，以动力为前提。

我们在前面的章节中做过分析，无论销售还是增员，当对方的需求缺口没有呈现出来的时候，推销产品或者拉他做保险，都会被对方视为攻击性行为，进而产生防御。

因此，在增员的过程中，一定要先找到准增员对职业现状的不满，并且通过分析，发现他没有什么更好的改变现状的方式时，保险才作为一种更好的职业选择出现。

所以，拉力的出现，是发生在找动力和强化动力之后。

没有需求缺口，拉力就是一种攻击；

而当需求缺口出现，拉力就是提供一个解决问题的方案。

其次，拉力一定是针对准增员的动力，也就是职业需求缺口，匹配性地呈现。

如果准增员是20多岁的90后，他们改变职业的动力，往往是打工循规蹈矩没意思、朝九晚五不自由。对应拉力的部分，保险就是一个可以让 90 后充分"做自己"的自由自主的工作方式。时间自主，没有森严的等级制度，充分的个人发挥空间，这些都是吸引他们的拉力因素。

如果准增员是全职妈妈，她改变的动力往往是因为在家庭中的低价值感。

对应的拉力就是，保险这个工作可以让她在有时间照顾家庭的同时，通过工作证明自己的价值，通过学习实现个人成长。收入、晋升、荣誉、培训，这些都是有效的拉力因素。

如果准增员是职场妈妈，她们最大的动力往往来自工作和家庭的不能平衡。

对于她们的拉力，就一定是谈时间自主对于妈妈的重要意义。保险作为一份可以自主的职业，把时间的决定权重新交还到妈妈手中，让妈妈通过有效的时间管理，得以实现工作家庭的兼顾。时间自主，是最核心的拉力因素。

如果准增员是处于职业困境的职场中层，改变现状的动力往往是对收入、晋升和个人发展的瓶颈。拉力部分，就要谈职业光谱，让对方看到造成困境的根源在于雇佣制下不自主的本质。而保险这个工作正是一个职业自主的机会，因为时间自主，进而实现收入自主、晋升自主，成为职业的主人。这里要谈的就是打工和保险工作本质的区别。

如果你面对的是企业高管，改变现状的动力，就来自对身不由己的生活困境更深层的思考和怀疑，对掌控感的强烈追求和渴望。

拉力的部分，更要从职业自主，谈到人生自主。保险提供的不仅是一个足够自主的工作空间，更是一种最大可能性掌控自己人生的生活方式。

自主，就是这类目标族群增员过程中拉力的关键词。

如果对方是中小企业主，改变的动力往往来自企业经营中的成本压力、商业风险以及企业管理中的各种困难。

对应的拉力就是保险作为一种低成本的平台内创业方式，能够有效降低创业风险和管理压力。

保险企业家、平台内创业，是在拉力环节一定要讲的概念。

如果准增员来自下行行业，改变的动力是下行趋势中，个人面临的收入下降和机会减少。拉力部分要突出的就是保险行业未来的发展趋势，以及在上升趋势中个人可以得到的加速度成长。

为什么保险行业是上升行业，是一定要在拉力环节向准增员解答的一个问题。

如果准增员是教师、会计师、医生、设计师、摄影师等类似某个领域的专业人士，他们改变的动力往往是来自对现有收入和未来预期收入的不满意。改变的阻力则是对倾注多年的专业领域的不舍。

对于这些族群，拉力部分要讲的就是保险这份工作形式上的灵活性。它可以与准增员现有的专业领域相结合，通过为客户提供有多重价值的立体服务，增加客户的黏度，实现客户市场的深度开发。在原有工作背景的基础上，添加风险管理和金融服务这个新的内容，让自己成为更有综合价值的"斜杠人"。[①]

随着现代人越来越强烈的自主意识，人们更在意自己的个性化需求的满足。表现在工作领域，人们对职业的需求也是多元化的。

而保险这份工作，因为它足够的自由自主，足够的灵活多样，恰恰可以满足人们个性化、多元化的职业需求。

有创业因子的人，可以在这里打造自己的团队，创建自己的保险事业；

---

① 斜杠人指的是不再满足"专一职业"，而选择拥有多重职业和身份的多元生活的人群。此词来源于英文 Slash，出自《纽约时报》专栏作家麦瑞克·阿尔伯撰写的书籍《双重职业》。

这些人在自我介绍中会用斜杠来区分，例如，张三，记者／演员／摄影师。现今"斜杠人"便成了他们的代名词。

有助人动机的人，可以通过保险，为更多家庭规避风险，帮助更多人实现职业自主；

热衷学习的人，可以在这里通过终身学习，实现自己的持续成长；

喜欢社交的人，可以通过这份工作，结识不同的朋友，参与不同的人生；

热爱生活的人，可以实现工作和家庭的兼顾，通过组织各种活动，让自己的生活更加丰富多彩。

如果我们把人对于职业的需求比喻成一个水杯，那么每个人的杯子都有不同的形状。

保险这份工作，就像水一样，倒进什么样的杯子，就会呈现什么样的形状。

在保险行业，每个人都可以根据自己对工作的需求，找到适合自己的工作方式。

与其说这是一份工作，不如说这更是一种，可以最大可能性自主安排的生活方式。

阻力化解需要动力和优势发现

> 耐心对待所有尚未解决的事情，努力去爱问题本身。
> 也要努力去爱提问者。
>
> ——欧文·亚隆《给心理治疗师的礼物》

阻力，也就是准增员提出的异议，常常是大家觉得最难的：怎么对方老是有处理不完的问题呢？

我们先来看下面这段对话，看看为什么准增员会有那么多异议。

这段对话中，准增员是一个小餐饮店的女老板。

准增员：我可干不了保险，我能力不行。

营销员：你看你自己开饭店，这么能干，怎么会能力不行呢？

准增员：主要是我身边的人都不认同保险，都觉得买保险没有用。

营销员：你身边的人不认同，你可以多找一些陌生人去做。我国人这么多，市场这么大。

准增员：这我可不行，我不会跟陌生人打交道，张不开嘴。

营销员：你平常开店，整天都跟陌生人打交道，怎么会张不开嘴呢？

准增员：那不一样，人家来我店里吃饭，打个招呼很正常。但让我求着人家买保险，这肯定不行。

营销员：其实现在市场不一样了，很多人都有保险观念，会主动找你买保险的，不用求人买保险。

准增员：但是我认识的人当中，就没有主动买保险的。
……

这段对话，准增员有一个又一个的异议。两个人像在循环往复地打太极。

这个过程中，这两个人的行为模式就是不断地攻击与防御。

先拉对方做保险，对方防御说，我能力不行，做不了。

接下来反问，你这么能干，怎么做不了呢？这个攻击性行为，就让对方进一步防御说，我身边人都觉得保险没用。

面对这个防御，继续拉对方，说，你可以找陌生人。

对方继续防御说，张不开嘴。

针对这个防御，继续反问，你每天跟店里的客人打交道，怎么会张不开嘴？

……

每一次反问，看似在处理异议，实际上是在攻击对方，只会激起准增员更多的防御。

所以，面谈中的防御，不是真正的阻力。

之所以出现，就是由于我们没有找到动力，就直接拉对方做保险。准增员把这些拉的动作，视为攻击性行为，就会以各种各样的反驳和借口进行防御。

如果你发现，对方接二连三地提出异议，这时候就要停下来，问问自己，或者问问准增员，他是不是想改变现状，也就是有没有动力。

如果对方压根不想改变，那这些异议都是用来防御的借口，没有任何化解的意义。这个时候一定不要再抓着这些细节去反驳，而是要修复和对方的关系。

放下自己的目的性，放下"拉"的动作，用积极关注的态度，聊聊对方的现状。当对方被积极关注，感觉到自己被看到，才有可能卸下防御。

而只有对方卸下防御，我们才可以从对方的现状中，找到不满，也就是找到动力。

真正可以称为"阻力"，并且需要认真化解的问题，是出现在增员过程中后期。

当我们找到了对方改变的动力，并且强化动力之后，保险作为一个职业解决方案出现。准增员基于这个职业选择，提出一些担心或者顾虑。

这些担心和顾虑是在"如果我做保险"这个假设前提下去考虑的，这才是真正有处理价值的，需要化解的阻力。

化解增员过程中的阻力，通常都可以概括为三大步骤。

第一步，厘清问题。

准增员常见的异议包括，"我不适合做保险""我没有人脉""我没有经验""我担心收入不稳定""我家人不同意""我觉得做保险很没面子""我身边做保险的人已经很多了"等。

这些异议，到底是防御，还是真正的担心？到底哪个是准增员最担心的？

要厘清这些问题，就要通过有效的提问。

这个环节，可以用一个假设性的提问方式："如果您这个担心的问题解决了，是不是就会做保险？"

以上文餐饮店老板为例，当对方说自己能力不行，不适合做保险时，我们就可以问她："如果我们通过分析，发现您有适合保险行业的优势时，您是不是就会做保险呢？"

对于这个问题，如果得到的是准增员肯定的答复，这个担心解决了，她就会做保险。那面谈就可以进入下一步，再次强化动力。

但如果得到的是准增员否定的，或者是模糊的回答。
比如对方说，"也不是，我还担心……"
或者说，"我主要还是考虑……"
这时候，就意味着一个更深层，或者更真实的问题出现了。

然后，你需要就这个新出现的问题，再次确认："是不是这个问题解决了，就会做保险？"
经过这样两三次反复的厘清和确认，去寻找准增员目前真正的阻力。可能是一个担心，也可能是几个担心。

这是一个帮助准增员梳理自己认知的过程。

面对改变和不确定的未来，很多人的直接反应都是恐惧。但真正在害怕什么，可能自己并没有想得很清楚。

　　战胜恐惧最有效的办法，就是直面恐惧。

　　所以，厘清问题就是在支持和陪伴准增员直面改变带来的恐惧：对于这个职业转换，你究竟在担心什么。

　　第二步，确认动力。

　　当厘清了准增员真正的阻力之后，先不要急于去解决问题，而是要再次确认对方的动力。

　　如果一个人愿意做某件事，也就是有动力。就算阻力再大，他也会想办法、找资源，化解阻力去做这件事。

　　但如果一个人不愿意做这件事，也就是没有动力，或者动力不足。就算外人帮助他化解了一个阻力，一定还会出现新的阻力。

　　所有阻力的化解，从根本上需要当事人内在的动力。

　　当对方说，如果这个问题解决了，我就来做保险。

　　这时候确认动力的关键问题就是，"为什么您会想来尝试这个工作呢？"

　　用这个提问，再次明确对方对现有职业状态的不满，以及保险这个工作吸引他的地方。

第三步，基于对方的资源寻找解决方法。

有了改变的动力，就可以和对方一起寻找解决担心的方法。

这里有两个关键点，

一是这个解决方法一定基于对方自身的资源和特点，而不单纯是他人的经验；

二是这个解决方法是具体的建议，而不是含含糊糊地说辞。

比如，准增员担心收入不稳定。

如果只是说："你放心，你将来客户越来越多，收入就会越来越稳定。"

对于思维相对缜密的中产准增员，这种含糊的说法很难打消他的顾虑。

有效的做法是，要基于对方所处的圈层，去分析他未来可能的客户圈层以及对应的件均保险，进而根据一定的活动量，去评估他未来可能的收入水平。

这就是一个基于对方现有资源，通过分析，给出具体解决方法的过程。

对收入不稳定的担心，往往相伴而生的另一个阻力，就是对客户来源的担心。

对于这个问题，如果含糊地说："只要你服务做得好，就会有很多转介绍。"这种说法，并不能真正化解准增员的担心。

如果从自己的经验出发，告诉对方自己是怎么拓客的。很有可能准增员会觉得自己和你的情况不一样，这些方法在自己身上行不通。

有效的做法是，我们基于准增员自己的性格特点、兴趣爱好、社交倾向，去和他一起讨论，他有哪些可以通过社交认识新朋友的方式，或者有哪些传播自己个人品牌的方式。最终找到适合他本人的行之有效的拓客方式。

对于有圈层意识的中产而言，适合他们的拓客方式是那些让他们感觉舒适，同时又能扩大个人影响力的社交方式。这种基于社交的拓客，不仅解决了客户来源的问题，也让人因此拥有了更加丰富多彩的生活。

无论是在增员的阻力化解环节，还是在新人的辅导环节，对拓客方式的讨论和探索，都是一个用创造性思维帮助对方打开认知的过程。

再比如，很多人觉得自己不适合做保险。特别是一些 30 多岁的人，在工作十几年后，要从零开始转入一个全新的行业，会有很大的恐慌感。

对于这种情况，如果只是说："我们公司有很好的培训，到时候都会教你的。"

这种含糊的说法，不足以让准增员安心。

有效的做法是，先从准增员过往的经历中，从你对他的观察中，去发现他的优势，比如善于学习，为人正直，勤奋自律。

再让他看到，这些品质对于做保险有哪些帮助，他可以在工作的哪些方面发挥自己的优势。

最后介绍公司有哪些具体的培训，可以让准增员在哪些方面有提升。

当一个人明确了自己的优势，并且看到未来明确的成长方向，信心就会增强，恐惧感就会消失。[1]

阻力化解，一定不是站在准增员的对面，用自己的沟通方式或者逻辑套路去说服对方。

---

[1] 关于阻力化解的具体案例和详细对话，参考《顾问式优增》。

而是当你在面对有独立思考能力、边界感强的中产客户时，要有效地化解对方的担心和顾虑，站在对方的立场上，从他现有的资源中寻找解决方式，在他自己动力的推动下，用自己适合的方式，化解阻力。

尾 声

孩子真正的起跑线是父母的
格局和视野

找时间和孩子相处，一起和孩子发呆，抗拒现
代童年忙碌并充满压力的步调，坚持保留孩子
的童年空间，让孩子游戏、探险、成长和发育。
即使没有一个理想的学校，你也可以让孩子拥
有一个理想的童年。

——爱德华·哈洛韦尔、彼得·詹森
《分心的孩子这样教》

此刻，是一个普通的工作日的早晨，我开始
写这本书的最后一篇。

半小时后，我会开始给两个孩子准备早餐。

这本书的写作，发生在许多个孩子起床前的
清晨、孩子睡着后的晚上以及出差时的高铁和飞
机上。

我和这个行业中的很多妈妈一样，通过自主地分割时间，实现了工作和孩子的兼顾。

作为母亲，我常常会想，我的工作，对孩子们来说意味着什么呢？

仅仅是挣钱，为他们提供物质生活的保证吗？

似乎，又不仅仅是这些。

有一天放学路上，弟弟跟我说，将来他要像我一样在家工作，这样就可以照顾他的孩子们了。因为弟弟一直有一个理想，就是将来做一个有很多孩子的爸爸。

我才发现，我自己这种自主职业的工作状态，对于孩子们的影响就是，在他们对工作的理解中，上班早已不是一个必然选择。

而这背后更深层的是，他们脱离了打工者思维的局限。

我们这一代父母，大都是在打工者思维的框架下长大的。

从小好好学习，将来才能考上好大学；

考上好大学，将来才能找到好工作；

找到好工作，将来才能挣到更多的钱，有更好的生活。

我们这一代人当中，确实有很多人是通过高考改变命运，从小城市或者农村来到更大的城市，成为有房有车的城市中产。

我们，被称为"考一代"。

因为我们自己的成长经历，"好大学——好工作"是我们的认知中，实现圈层提升的有效路径。

在这种认知前提下，为了让自己孩子考上更好的大学，为了让下一代在竞争中胜出，我们把孩子更早地推进了赛道，报越来越多的补习班，越来越提前地学习。

于是，教育内卷出现了。

从北上广深，到这几年发展迅速的二线城市，越是"考一代"密集的地区，教育内卷就越严重。

但是不是我们的孩子真的一定要按照这种路径生长呢？

如果看看那些来做心理咨询的孩子，你就会发现，这种路径在今天这个时代，是值得再探讨的。

我做心理咨询的工作室，位于北京著名的"鸡娃"圣地：海淀黄庄。周边有全国著名的课外辅导机构和海淀区著名的小学与中学。方圆十公里之内，是中国最顶尖的几所高校。

这几年来做心理咨询的青少年呈上升趋势，其中也有一些是来自北京的名校。

因为厌学、网瘾、抑郁、饮食紊乱等问题，他们被家长送到咨询室。

在咨询室里，他们告诉我：

自己不喜欢上学，因为同学间的竞争压力太大；

不喜欢学习，因为永远有写不完的作业和考不完的考试；

玩游戏上瘾，因为除了游戏没有什么能给他们带来那么直接的成就感；

离经叛道，因为这样忙碌的父母才会关注他们。

他们不像上一代父母那样，需要通过学习来改变命运。

当没有物质压力作为学习的理由时，当学习变成重复的作业和考试时，他们就会困惑自己为什么要学习，困惑自己将来想成为什么样的人，甚至自己为什么要活着。

在青春期到来的时候，当这些问题找不到答案时，他们失去了生命的意义感。

这种现象曾被北大的徐凯文博士定义为"空心症"。

若干年前，在徐老师的心理咨询伦理课上，当时徐老师讲的空心症案例还都是高校的大学生。

但短短几年，这种情况已经越来越多地出现

在中学生身上。

教育内卷的背后，是这个分化的时代里焦虑的父母，而父母对教育的焦虑则源自父母认知的限制。

打工者思维限制下，教育的最终目的是考上更好的大学、找更好的工作，教育的结果就是培养下一代的打工者。

但现在这个时代已经变了。

好大学未必意味着好工作：一个大学毕业生的收入，可能还没有小时工阿姨的收入高。

好工作未必意味着稳定安全：在这个多变的商业时代，企业面对的不确定因素增多，个人的工作稳定性也随之降低；

即使有一份在大公司、看上去光鲜的好工作，未必就会幸福：人们依然会因为不自主，面临各种职场困境。

在这个充满不确定的时代，稳定的工作正在变得越来越少，只有终身学习，勇敢拥抱变化，才能获得足够的自我掌控和真正的稳定。

如果一个人能意识到这一点，就有可能跳出打工者思维的局限，不再依赖于一份雇佣制下的工作，转而去寻找适合自己的方式，把自己的优势资源以价值输出的方式与社会交换，这就是职业自主的开始。

从打工人到保险人，最大的转变，就是突破打工者思维的限制。

而作为父母，一旦对工作的认知改变了，对孩子的教育，也会有不同的视角。

教育不再是以好大学、好工作作为终极目的，而是要引领孩子通过探索，找到自己喜欢的、擅长的方向，知道自己想要成为什么样的人，进而找到生命的意义。

一个知道自己喜欢什么、想要什么的孩子，会有强大的内在动力，驱使他为自己喜欢的东西学习、努力，并最终活成自己喜欢的样子，掌握自己的人生。

从这个角度，我们可以说，优增，在给自己打造团队的同时，也是在给他人一个机会，一个能够最大可能性地让人实现职业自主的机会。借由职业自主，进而成为自己生活的主人。

而当一个父亲或者母亲，能够对生活拥有更大的掌控度，能够成为自己生活的主人，他们会变得更稳定，会敢于给孩子更大的空间，支持孩子拥有自主的人生。

自主的人生，是幸福而闪光的。

而优增这个机会，就是一个点亮闪光人生的火种。

愿你，点亮更多人生。

一丁

2021 年 3 月

做高瞻远瞩的团队长

2018 年，我的团队发展遇到了瓶颈。几位二代总监独立出去之后，我的直辖团队呈现出青黄不接的状态。

我苦苦思索，寻找能够让团队持续发展的方法，以改变当时被动的局面，于是找一丁老师做了一次深谈。随后，请她来给我们做教练，开了第一期教练班。连续 12 周，每周 2 小时的训练。

这 12 周里，我见到了一种和传统保险业的培训截然不同的训练课程。没有说教，没有鸡血，只有原理讲授、案例复盘和对话演练。

参训的小伙伴每次围坐成一个圆圈，他们形成一个特别温暖的场域，在这个圆圈中互相练习，彼此照见。

这种"心理学＋保险"的教练模式，不仅提升了伙伴们的业绩，也给他们带来个人内在的成长。

他们成了我重组团队后的第一批骨干。

有了这一批骨干的榜样，很快第二年我们又开了第二期长训班，随后又是第三期、第四期。

随着我的直辖团队在全国范围内的发展，也因为 2020 年疫情的原因，我们又开设了线上教练班。

参加教练班的小伙伴，不仅成长为团队业绩的中坚力量，也成为团队里的内训导师。我和他们一起搭建起团队自己的训练体系，让每一位新进入团队的成员都能得到系统的学习和训练，实现有效的留存。

持续系统的训练，让团队保持了统一的文化和高度的凝聚力，即使在 2020 年上半年，在疫情的影响之下，团队的业绩和人力依然保持了可喜的正增长，并成为全公司系统内最大的直辖团队。

系统，是团队经营发展的基石，这是我和一丁老师的共识。

这些共识也源自我们在保险业中相似的成长基础。

一丁老师常说，我是她的保险兄弟。

我们年龄相仿，并且都是在毕业没多久，在几乎没有任何工作经验的年龄，像一张白纸一样进入友邦保险北京分公司。

友邦为我们的职业生涯写下了一样的底层代码。

虽然她是内勤，我是外勤，我们从不同的角度在保险这个行业深耕，但我们始终秉承着一致的理念。

我们都认同，保险事业需要坚持长期主义，无论是客户经营还是组织发展，都需要循序渐进、持之以恒，去耕耘而不是掠夺市场。

我们都坚信，保险工作本质上是人与人的关系，互联网和人工智能技术虽然会改变行业中的很多形态，但在销售、增员和辅导工作中，与人建立连接的能力，始终是这个行业中的从业者作为"人"最不可替代的能力。

过去这几年的保险市场，发生了非常大的变化。

在移动互联网的冲击下，客户对保险的认知变得越来越成熟，对服务品质的要求也越来越高。靠"背课本"就可以签单的时代已经结束，只有那些真正懂人性、会沟通的从业者才能在市场竞争中胜出，才能获得客户和准增员的信赖。

一丁老师把心理学中的原理和方法应用在保险业的训练中，这是我们团队非常需要的东西。我相信也是这个行业非常稀缺、非常需要的东西。

她过往的两本书，《心安集》和《顾问式优增》总结的是她在教练工作中的销售和增员案例，是我们团队小伙伴的必读书籍。

现在她新出版的这本关于增员体系的新书，我个人觉得，不仅是每个人做增员的操作手册，也是团队长做组织的发展指南，它为团队指明了进一步发展的方向。

团队长，是业务员，也是领导者。不仅需要不断完善自己销售、增员、辅导中的沟通技能，更需要高瞻远瞩的格局和视野，及时跟上市场的变化，把控团队发展的方针，才能带领团队成员，在这个行业中，走得更快，走得更远。

如果你是业务员，相信这本书的学习能让你掌握优增的技能，组建自己的团队。

如果你和我一样是团队长，相信这本书能帮你打造更加专业化、更有市场竞争力的优质团队。

期待若干年后，当我们回看历史，我们都成为书写中国保险业新篇章的一代人。

资深业务总监
中国政法大学 MBA 实践导师

我不知道这个小孩怎样凭空而来，他可能让我告别
长久以来的摇摆。
我不知道这个小孩是不是一个礼物，只知道我的生
活不再原地踏步。

——齐豫
《女人与小孩》

　　每次讲完课，都会有小伙伴因为我课程中的
心理学元素，对心理学产生兴趣，并让我推荐一
些相关的书籍。

　　所以在这本书每章的前面，我都摘录了一些
我学习过的心理学书籍中相关的内容。

这些书籍的作者，是心理学某个领域的专家学者，或者是某个咨询流派的创立者。他们把自己研究和思考的精华，用文字传播到世界各地，点亮很多人生，也包括我自己。

他们的思想解开了我很多人生的困惑，也加深了我对生活和工作的理解。

这本书中，关于职业选择和自我价值的很多思考，都是源自我对人本主义和存在主义这两个心理咨询流派的学习与实践。

在此向这些心理学大师们表示深深的致敬和感谢。

本书中的内容，总结了我在寿险一线教练工作中的实践。

所以，这里要感谢所有参加过我教练课程的公司、机构、团队和每一位小伙伴。因为你们的信任，因为你们坦诚的分享和呈现，让我有了更多的案例和素材。

感谢我合作的第三方平台，因为你们的支持和引荐，我才有机会接触到全国不同地区、不同类型的机构和团队。让我能够更全面地理解这个行业，有更多经验的积累。

感谢我的恩师程世童老师，在我刚进入保险行业的时候就帮我指明了成长的道路和方向，并在过去这些年的关键时间点上，不断给予我支持和帮助。

感谢梁晶教授，作为人大的老师，作为职业女性，作为母亲，作为我的长辈，她在事业、学术和家庭教育方面给了我很多建议和指引，始终是我学习和追随的榜样。

感谢我的先生和我们的父母，因为你们的支持和包容，我才有足够的底气和力量去做各种工作上的尝试和探索。

最后，感谢我的两个儿子，你们始终是我成

长的动力。

更要感谢你们常常提醒我，不要在忙碌中
迷失。

今生有幸成为你们的母亲，我才成为更好的
自己。